Gana dinero como influencer

BRITTANY GRENNY

Copyright © 2020 BRITTANY GRENNY
USA Miami

Gana dinero como influencer
Por BRITTANY GRENNY
2020

Todos los Derechos Reservados
Publicado en USA Miami

Índice

Introducción	**9**
Capítulo 1: Aspectos básicos del influencer	**13**
¿Qué es un influencer?	13
Tipos de influencer	14
Lo que todo influencer debe saber para ser monetizable	18
¿Por qué debo monetizarme?	20
¿Qué es el engagement?	21
Los riesgos de ganar dinero siendo influencer	23
¿Eres influencer? Gana dinero desde estos sitios web	23
Capítulo 2: Cómo monetizar Instagram	**25**
Conoce la esencia de Instagram antes de empezar a trabajar en monetizarla	26
Imágenes de videos de buena calidad	27
Trabaja acorde a tu perfil con el nicho con el que trabajas	29
Publicidad en Instagram	31
Vende tus fotos en banco de imágenes	32
Cómo aprovechar al 100% las stories	33
Las grandes ventajas de los eventos en directo	34

Plataformas de influencer marketing: donde anunciantes e influencers se pueden encontrar	35
Vende tus presets o filtros predeterminados que has creado	37
Destaca los servicios de otras marcas	37
Comprende los 5 algoritmos de Instagram	39
Cómo usar Instagram Ads	42
El proceso de escoger el formato publicitario adecuado para Instagram Ads	45
Cómo ganar dinero con afiliados	46
Cómo elegir el producto correcto	49
Anuncia productos propios	49

Capítulo 3: Cómo ganar dinero siendo influencer en YouTube	**53**
¿Cuánto dinero se puede ganar?	54
Ejemplos de algunos youtubers famosos	55
Condiciones para monetizar el canal	57
Ganar dinero con anuncios	58
Haz crowdfounding para tus proyectos	58
Colaboraciones con marcas. "Influencer marketing"	59
Coloca licencia a tu contenido	60
Debes subir contenido dos o tres veces por semana	61
Enlaces de afiliados	61
Haz product placement y patrocinio de videos	62
Aprovecha otros canales	62
Crowdfunding en YouTube vía Patreon	63
Las membresías de YouTube (Botón "Unirse")	65

Vender tus propios productos y servicios
en YouTube   65

Te cuento un secreto para que aumentes los
ingresos en YouTube   66

Los riesgos de usar YouTube para ganar dinero y
las acciones a tomar   68

**Capítulo 4: Otras formas de ganar dinero
siendo influencer**   **69**

Tener tu propio sitio web, cómo construirlo desde cero   69

Productos digitales   73

Podcasting   75

Webinars   78

Embajador de una marca   79

Post patrocinados en redes sociales   80

Post patrocinados en tu blog   81

Productos físicos y dónde venderlos   81

Marketing de afiliados   82

Fotografía, copywriting y dirección creativa   83

**Capítulo 5: ¿Cuáles son los productos propios
que puedo monetizar?**   **85**

Post patrocinados   85

Gestor de redes sociales   86

Marketing de afiliados   86

Publicidad   86

Asesor o coaching   87

Cursos online o presenciales   89

Escribir un ebook acorde a la marca	90
Tener una tienda online	91
Eventos con influencer	92
Google Adsense YouTube	95
Plataformas de influencer marketing	95
Acciones con agencias de influencers	95

**Capítulo 6: Errores que como influencer
debes evitar cometer** **97**

No tener una marca definida	97
No tomárselo en serio	99
Actuar como influencer antes de serlo	100
Tener contenido de mala calidad	101
Creer que todo se trata de ti	103
Mal uso de los hashtags	104
Depender de los bots, gran error de algunos influencer	106
No adherirse a las pautas de FTC	107
Subir contenido irrelevante	108
Compartir contenido en momentos inoportunos	109
Responder comentarios lentamente o no hacerlo	111
No conocer a la audiencia	112
Falta de perseverancia	112
No medir	113

Conclusiones **115**

Introducción

La gran parte de los que se hacen influencer quieren conseguir monetizar y vivir de ello. Lamentablemente esto es difícil para muchos, comienzan a trabajar en sus canales, a esforzarse, pasan muchas horas creando contenido, lo suben, se ponen grandes expectativas y los resultados no se acercan siquiera a como lo esperan.

Algunos, arrastran bastante audiencia, la gente interactúa con ellos, les comentan contenido, comparten con ellos y hay un buen engagement, pero, cuando llega el fin de mes están estirando las monedas para pagar las cuentas.

¿Qué sucede allí? No saben monetizar correctamente a su audiencia.

Es por eso que escribí este libro, he investigado por mucho tiempo el mundo influencer y me he dado cuenta que no existe un libro de este tipo, dirigido a los influencer, a quienes en este momento están haciendo vida en las redes sociales y tienen entre sus manos un diamante al que le pueden sacar mucho dinero.

Dentro no te voy a explicar cómo ganar seguidores, porque de ese tema hay mucho en internet y consejos para lanzar al techo, tampoco te hablaré de cuál contenido publicar.

Lo que sí haré, es tomarte de la mano, y hablar de lo que es un influencer, los tipos de influencer que hay, para que te identifiques con cada uno, te contaré lo que tienes que saber para que seas monetizable y las razones por las que deberías hacerlo.

Te enseñaré todas las herramientas disponibles para que monetices Instagram, te mostraré la esencia de esta red social. Consejos y trucos para que monetices, te hablo de la importancia de tener videos de buena calidad, no solo con filtros de la red, sino con otras herramientas indispensables.

No dejaré tema por abordar para que explotes esta red social, consejos para las stories, vender los presets, servicios de otras marcas, te mostraré los 5 algoritmos de la red social, te enseñaré a usar Ads y tips para que consigas el formato publicitario.

En otro capítulo te enseñaré a monetizar YouTube, este gran monstruo al que muchos le temen porque no hallan cómo empezar a monetizarlo. Te muestro algunos ejemplos de YouTubers famosos y sus cifras; hablo de las condiciones que tienes que cumplir para comenzar a ganar dinero y te mostraré las distintas herramientas:

Puedes ganar con anuncios, pidiendo colaboraciones, trabajando con marcas o con licencias.

Pero no me quedo solo en eso, también te muestro otras formas de monetizarte tú como influencer, escribiendo para otros, haciendo ebooks de tu marca, creando productos tuyos, teniendo tienda online, dando eventos offline y muchas otras maneras con las que puedes generar dinero sin que estés encadenado a la red social, porque a la larga eso no es bueno, incluso es peligroso y dentro del libro te cuento por qué lo es.

Dedico un capítulo a mostrarte todas las posibilidades que tienes con los productos propios, cuáles son esos, los post patrocinados, las redes sociales, las asesorías, cursos y muchos otros y no solo te los nombro sino que te doy datos para que aprendas a crearlos y aplicables a tu nicho. Tú puedes leer esto ahora mismo y ser un influencer de temas médicos o puedes ser un influencer de videos chistosos o de consejos para ganar dinero en Forex.

Puedes ser un influencer de lo que sea y estar en Instagram, Facebook, YouTube o la red que sea, te doy consejos que aplican a todo influencer para que fortalezca la marca, pero lo mejor, para que monetice y pueda en un momento determinado vivir de esto.

¿Crees que los influencer que ganan seis cifras hoy es porque nacieron aprendidos? En absoluto, ellos tuvieron miedos, inseguridades, cometieron errores, muchos. Yo he conversado con influencers y me cuentan que si supieran lo que saben ahora, seguramente habrían crecido más rápido, pero que no se arrepienten de nada.

Entonces, tú, que tienes unos cuantos miles de seguidores, ya influyes, generas engagement, puedes ser como ellos, una celebridad, pero lo mejor, monetizando y de esta última parte me encargo yo, así que pasa adelante a leer este libro que he preparado para ti luego de una profunda investigación y entrevista con muchos influencers.

Capítulo 1
Aspectos básicos del influencer

Antes de que entremos en materia sobre cómo monetizarnos como influencer y todas las ventajas que tenemos para ganar dinero. Creo necesario que comentemos unos aspectos básicos acerca de lo que es ser un influencer, sus tipos y todo eso que necesitas tener para hacerte una figura de éxito.

¿Qué es un influencer?

El influencer es la persona que tiene una cantidad de credibilidad sobre un tema en concreto y por la presencia e influencia en las redes sociales termina siendo un promotor de algún producto o incluso de algo que promueva como marca. Es una persona que por medio de una red social logra impactar a una audiencia y puede lograr objetivos con ella.

Esto es algo sencillo, hazte la pregunta ¿Qué compras primero, el jabón para baño que viste en el aviso luminoso de la parada del Metrobús o el que te recomienda el dermatólogo de toda la vida.

La credibilidad de la segunda opción es más alta que la primera. Si el dermatólogo te lo recomienda, sabes que este es experto y sabes que es el jabón que mejor va con tu tipo de piel, este ha probado el producto seguramente, sabe que recomienda algo que es saludable para ti. Esta es una forma de conectar con una audiencia, el haber ganado legitimidad para hablar de un producto o de un servicio.

Si ves que alguien recomienda un producto o servicio y lo hace presuntamente con desinterés propio, esto causa un impacto y confías en que sí, podría servir para ti. Es lo que puede llevar a que des clic a la compra y si se le agrega el alcance online entonces el influencer puede tener un buen impacto. Es un recurso muy efectivo donde gana la marca y claro, el influencer.

Tipos de influencer

Todos decimos la palabra influencer a nivel general y son pocos, solo quienes estamos en este medio, quienes nos ponemos analizar lo que hay tras el escenario de un influencer y que ellos se dividen en varios tipos. Estos son los tipos que hay:

Microinfluencer

Estos son los que tienen de 10k a 100k de seguidores en sus redes sociales. Son usuarios de las redes que se especializan por lo general en un nicho de mercado o en un área específica, comparten contenido en sus redes sociales sobre los intereses y publican post patrocinados cuando se les relacionan con algunas marcas.

Tienen una fuerte conexión con la audiencia, se les puede conseguir prácticamente en cualquier sector. Ellos sostienen relaciones cercanas con los usuarios, quienes le siguen se sienten unidos a ellos porque responden sus post, atienden a encuestas y están allí, distinto a los macros que por cientos de miles de seguidores o millones de seguidores no pueden lidiar con tanta mensajería.

Los microinfluencers son percibidos como más auténticos que los influenciadores, las publicaciones que hacen no son tan comerciales y no se notan tan preparadas. La manera en la que actúan se ve más natural y las interacciones son más genuinas, por lo tanto la credibilidad de sus mensajes es mayor.

Cuando les contratan, lo hacen porque ellos son más económicos que un macro, aunque los precios siempre dependen del profesional o la agencia de marketing con la que se esté colaborando. Cuando son más asequibles, que los macroinfluencers, pueden trabajar con variadas personas.

Uno de los contras es que no tienen tanto alcance como otros influencer, en el caso de que tengan menos de diez mil seguidores pueden tener limitaciones como Instagram que les impide hacer ciertas cosas cuando son menores a 10k. Ejemplo: deslizar arriba las historias en Instagram.

Los microinfluenciadores tienen clientes reales y los consumidores, aunque pueden admirar a las celebridades en redes sociales, buscan opiniones en personas cercanas, conocidos o amistades e incluso en redes sociales.

Es por eso que son expertos para recomendar productos.

Características principales de los micro influencers
- Sus audiencias son segmentadas.
- Tienen un buen engagement rate o capacidad de reacción en las audiencias.
- Construyen alta fidelidad en sus consumidores.

Mid

Estos van desde 100k a 500k. A ellos están recurriendo muchas marcas en los últimos tiempos, se encuentran en el punto medio donde no son demasiado pequeños pero tampoco titánicos como el macro. Tienen un gran poder para conectar con sus audiencias.

Podemos poner como ejemplo a Verónica Díaz (@modajustcoco), que por medio de sus publicaciones etiqueta a Zara. Ella aporta valor a la marca, comparte post con otras marcas y todo el contenido que hace es natural, y puede ser un poco difícil saber si el proceso que obtiene es natural o no. Ella, según se supo, ha generado 1.9 millones de euros en Media Impact Value para Zara.

Características de un Mid influencer
- Es fácil llegar porque tiene audiencias segmentadas.
- Se tiene cierto nivel de exclusividad dentro de la audiencia, no son influencer que exploten sus cuentas mostrando solo marcas.
- Ofrece grandes posibilidades de amplificación de las campañas.

Macro

Este va desde 500k a los 2M.

Ellos se mueven con tasas o costos por campañas altos, sus perfiles son muy conocidos y colaboran con diversas marcas a la vez. Es elemental para ellos que tengan acuerdos de colaboración que garanticen exclusividad limitada o por lo menos que permita a la marca no usar la misma imagen que la competencia de manera agresiva o continua.

En este punto podemos conseguirnos con María Pombo, quien tiene una colección con Lefties y trabaja con lo que más o menos debería manejar todo influencer de este tamaño.

Esta mujer, María Pombo, fue en cierto modo la iniciadora de una colección que salió por sugerencia de ella en el grupo Inditex. Cuando se hicieron las publicaciones se etiquetaron con el hashtag #selectedbymariapombo. Gracias a esta colaboración obtuvo más de un millón de euros Lefties.

Características de este grupo

- Tienen grandes comunidades.
- Lo que impulsan tiene posibilidades altísimas de crecer rápidamente.
- Ayudan a aumentar las ventas de productos y ganan más.

Celebritie

Estos están en la cabeza de todo, superando en más de dos millones de seguidores. Son los all star influencers, líderes de opinión y pueden ser confundidos con las grandes celebridades, gracias al movimiento de masas que tienen. La diferencia más notoria es que tienen dedicación completa a la creación de contenido digital. Aquí se sitúan perfiles como el de Chiara Ferragni, que tiene más de dos millones de seguidores y su audiencia es variopinta.

Estos influencers pueden cobrar altas sumas por promover marcas y productos y pueden ganar bastante dinero con sus propios productos. El impacto de ellos es variado, porque la trayectoria que tienen les ha hecho tener una variedad amplia de marcas. Seguramente se logran grandes impactos en los demás, pero es difícil poder identificar la calidad de esa audiencia para la marca o las posibilidades de activación.

Características de los influencer celebrities

* Tienen grandes audiencias y son variadas. Es difícil identificar el segmento concreto en ellas.
* El impacto es casi inmediato y con alto alcance.
* Son confundidos con celebrities y la percepción del usuario es menos leal a ellos.

Lo que todo influencer debe saber para ser monetizable

Las redes se han convertido en medios masivos de comunicación e interacción. No es extraño ver a personas que comenzaron desde cero con pocos seguidores, que eran de a pie y ahora tienen la capacidad para mover miles de personas por medio de sus cuentas y ganan altas sumas.

Si eres un influencer tienes que saber que puedes monetizar tu trabajo y ganar dinero con lo que haces. Seguramente estás empezando y si te pregunto ahora mismo, me nombrarás a varios influencers que sigues de manera sagrada y no exactamente por el tipo/tamaño de influencer que sea, sino por el contenido que maneja que sientes conecta contigo. Seguramente te has visto tentado a comprar algún producto o acudir a algún sitio para servicio o evento que ellos han patrocinado por sus cuentas.

Ellos monetizan y tú puedes ser uno de los tantos que paguen por eso. Ahora, visto desde el otro lado de la barrera, tú puedes ser quien pida a tus seguidores que compren, busquen o acudan a algo y esto a cambio te deje una cantidad de dinero.

Ten esto presente: no son influencers las personas que tienen más cantidad de seguidores, sino aquellas que pueden ejercer una influencia en las personas que ven sus publicaciones. Pero cuidado con esto, los seguidores sí importan, por eso ten siempre presente buscar las formas de atraer más seguidores a tus cuentas.

Hay influencers que han logrado este estatus debido a la presencia en las redes sociales y la forma como la mueven, otros, han logrado esto porque son figuras conocidas, como futbolistas, actores, cantantes y famosos en los medios, para ellos es fácil, ya los conocen y les respetan por su labor, abren la cuenta y dejan el móvil a un lado, en silencio, para no abrumarse por la cantidad de seguidores que atiborrarán la cuenta.

Por tanto, no es correcto decir que los influencers nacieron gracias a las redes sociales. Están los actores o actrices, que antes nos vendían un producto por medio de una publicidad en televisión, Antonio Banderas echándose el perfume X, es un influencers, nosotros queremos el perfume que usa él. No sabemos cómo huele, pero lo usa Antonio Banderas, vamos a usarlo.

Hay algunos influencers que lograron ser mediáticos solo por la casualidad, pero al ver que tuvieron este golpe de suerte, se ponen a trabajar en serio y se convierten en influencers de verdad.

La idea de esto, si es tu plan, es aprender a monetizarlo y que este sea un puente para otros proyectos que tenías en remojo y los consigas gracias a la fama que logres.

¿Por qué debo monetizarme?

En el mundo de los influencers, se ve que ellos lo hacen por varias razones. La primera es porque quieren fama, aún no conocen el efecto de esta y la poetizan entonces desean a cualquier costo llegar a ella. La otra es porque esperan ganar mucho dinero, lo cual es plausible si trabajan duro en ello. Y la otra es aquellos que sacan el móvil y graban y suben contenido así por así porque creen que esto es fácil, que es grabar contenido que gane likes, nada más. Estos últimos son los primeros que desaparecen pronto.

¿Por qué monetizarte? Porque podrías tener una profesión. Este trabajo se ve divertido y puede que en parte lo sea, pero es que un influencer profesional siempre hace contenido que tenga estrategia, y es un trabajo de verdad y que demanda tiempo y dedicación. Aunque tú rías con un contenido que parece hecho en medio de diversión o de una fiesta, es algo preparado, donde la iluminación, los sonidos, los gestos, la fotografía del video, la teoría de los colores, todo, tiene un impacto y un proceso psicológico para un público y si causa el efecto deseado es porque detrás de ello ese influencer trabajó duro.

Ganar dinero como influencer se puede, no es sencillo, como ya te dije. El dinero se genera según los acuerdos que pueden hacerse con las marcas o los propios productos que va desarrollando a medida que crece como figura. Ya más adelante en este libro te contaré cómo hacerlo y las mejores maneras. Este libro está hecho precisamente para ti que buscas ser un influencer.

Lo que un influencer hace se le conoce como un influencer marketing y se enfoca en dar un mensaje, hacer estrategias y generar conceptos creativos en conjunto con el influencer.

¿Por qué monetizarte? Porque te da dinero ¿Por qué no? Si tu objetivo es vivir una etapa donde tengas miles de seguidores, bien por ti, pero en este caso este libro no es para ti, dado que no te daremos estrategias para ganar más seguidores, aquí te contaré cómo ganar más dinero con esta actividad y con qué.

¿Qué es el engagement?

Esta palabra seguramente la conseguiremos en varias ocasiones a lo largo del libro, entonces vamos a conocerla y profundizar un poco más en ella. El engagement se traduce como compromiso, en marketing el término hace referencia al significado, o sea al nivel de compromiso de una audiencia con una marca o persona.

Se trata de un concepto intangible que es muy valorado por las empresas actualmente y que permite determinar estrategias para enamorar a la audiencia y tener la fidelidad que tanto están buscando.

Cuando hablamos de un influencer engagement se refiere al compromiso que genera un influencer en la audiencia.

El engagement se puede medir, por lo que permite prever los éxitos en las campañas que se hacen con el marketing de influencer, el resultado se mide por medio de las respuestas que den los usuarios a los mensajes emitidos por el influencer a través de los canales sociales ya sea que visiten el sitio web al que son invitados, realicen una compra, hagan clic en "me gusta", compartan un post, dejen un comentario, etc. y que hacen referencia a las marcas. Ya vas conociendo entonces la importancia del influencer engagement, veamos un poco más de este punto, me quiero detener en él para que comprendas mejor lo que vendrá más adelante en otros capítulos.

Cuando decides hacerte influencer y monetizarte te conviertes en un KPI´s del influencer marketing más importante. El parámetro mide el grado de interacción de la audiencia hacia el contenido. Es la forma en la que se mide la interacción de los usuarios en las redes sociales por medios de likes, retuits, comentarios y recomendaciones.

Es una especie de indicador de compromiso por parte de la audiencia, en cuanto al desarrollo de una campaña el engagement es uno de los criterios más utilizados para poder elegir al influencer o a los influencers más adecuados para cumplir con los objetivos.

Así será la tasa de engagement esta nos dará información de oportunidad sobre cuán interesante es el perfil para la audiencia y la marca.

Cómo calcular el engagement

Para poder hacerlo, específicamente en el influencer engagement de un perfil determinado, se tiene que conocer la media de todas sus interacciones logradas en la cuenta de la red social de esta persona en cuestión.

El engagement de los influencers se puede dividir así:

• Tenemos al engagement de un perfil, que es la media de los engagements logrados en los contenidos.

• Tenemos también al engagement por campaña donde se mide el total de las interacciones en las publicaciones que se han logrado a lo largo de una campaña concreta.

Los riesgos de ganar dinero siendo influencer

Cuando comienzas a ganar dinero como influencer gracias a alguna red social o tú propio sitio web, hay algunos riesgos de depender solo de una red social en exclusivo para ganar.

Ten presente que todo lo que publicas en esta red social no es tuyo, por lo tanto lo podrías perder de la noche a la mañana.

Si esa red social cierra de la noche a la mañana pierdes todo. Un ejemplo de ello es la red social Tuenti. También puede suceder que el algoritmo cambie y las publicaciones solo serán vistas por algunas personas, perdiendo una cantidad inmensa de interacción. La cuenta te la pueden cerrar por supuestamente incumplir alguna política de ellos. Son muchos los riesgos y los debes conocer. Por lo tanto sería bueno que no solo te abrazaras a una red social para monetizar y que esta la uses como trampolín para abrirte a otras, para crear tu marca, tu canal, tus sitios web y todo de un modo que tú tengas el control y si la red social en cuestión se te va, no sufras un golpe mortal, sino solo un tropiezo.

¿Eres influencer? Gana dinero desde estos sitios web

Te quiero recomendar estos sitios para que comiences a ganar dinero como influencer:

- Socialpubli.
- Publisuites si te dedicas a la escritura y Publisuites si quieres anunciarte o comprar links.

- Twync.
- Coobis.
- Seedingup.
- Redinfluencer.
- Voxfeed.
- Kuvut.
- Influencity.
- Gosnap.
- Influgency.
- Sclusib.

Hay muchas formas de ganar dinero si eres un influencer, te adelanto algunas, aunque más adelante voy a profundizar en ello:

- Puedes dar charlas y cobrar por ello.
- Tener post patrocinados.
- Puedes hacer anuncios de marcas en las publicaciones.
- Contar con un sistema de afiliados y tener comisión por cada venta.
- Promover cuentas de otros y ganar por eso.
- Anunciar los productos propios como cursos o libros.
- Etc.

Ya hablaremos de ellos en detalle en poco tiempo. Como dato, hay agencias de influencer y webs que agilizan el proceso. Algunos sitios ayudan a que ganes dinero.

Ahora, que ya conocemos de forma amplia lo que es ser un influencer, los tipos que existen y un poco acerca de cómo empezar a ganar dinero con esta actividad, continuemos con cómo monetizar Instagram.

Capítulo 2
Cómo monetizar Instagram

Instagram es de las redes sociales del momento, y siempre está en constante actualización con el fin de hacerse más ágil y mostrar un ambiente más amigable.

En esta red están los que llaman millennial y centennial, ellos son los más activos.

Entonces si queremos ganar dinero, nos toca tener presencia y hacerlo correctamente, a continuación te voy a contar cómo es que lo vas a lograr.

No sé si lo recuerdas, pero Instagram nace como una plataforma sencilla donde podías compartir imágenes, esto desde su nacimiento en el 2010, hasta hoy que se ha convertido en un éxito inmenso.

Aprender a monetizarla es un reto, pero puede llegar a ser altamente beneficioso sí se hace de forma correcta, tanto de manera orgánica como por medio de la publicidad de la misma red social.

Comencemos entonces a conocer las opciones que nos brinda la red social.

Conoce la esencia de Instagram antes de empezar a trabajar en monetizarla

Para comenzar, nos basta ver la cifra que maneja esta red social. Según Statista en enero de 2020, eran más de mil millones de personas con una cuenta en el móvil para ver, compartir e interactuar en Instagram.

Superando a la consolidada Tik Tok que a pesar de haber cobrado fama por la situación de salud del 2020, no le llega aún a los números de Instagram, también supera a Twitter, Pinterest, LinkedIn o Snapchat y le falta poco para llegar a WeChat y a Facebook Messenger.

Instagram es una red muy famosa que cuenta con millones de suscriptores, cuenta con una amplia trayectoria y es una fuente de consulta de imágenes por encima de organizaciones como Google Images o Flickr.

Mira estos datos tan interesantes sobre la red social para que te extasíes más y veas que tienes muchas oportunidades de monetizarla y vivir de ella.

- Hay 500 millones de usuarios activos cada día.
- El 80% de las cuentas siguen mínimo a una empresa.
- Más de 500 millones de cuentas usan las Stories a diario.
- 25 millones de los usuarios afirman descubrir nuevos productos en la red social.
- El tiempo que dedican a ver videos ha aumentado en un 80% por parte de los usuarios.
- Más de 200 millones de usuarios entran a alguna empresa cada día a revisar su contenido.
- Hay dos millones de anunciantes mensuales.

- Una de cada tres historias viene de una empresa.
- El 50% de las empresas que usan Instagram, crean Stories al menos una vez al mes.
- El 96% de los anunciantes de Estados Unidos afirman que seguirán usando las Stories en los próximos seis meses.

Este sitio donde los famosos y la gente muestran su perfil sin depender directamente de los medios de comunicación o tener un blog representa una gran oportunidad, un reto para muchas personas en donde con un poco de paciencia y constancia quien se lo proponga puede hacerse influencer y lograr rentabilizar su presencia y ganar mucho dinero. Eso sí tienes que comprender que hay más competencia que hace algunos años, pero igual puedes conseguir tu hueco y posicionarte.

Ahora que conoces un poco esta red social, veamos las opciones que tienes para sacarle dinero.

Imágenes de videos de buena calidad

A estas alturas de la vida, no basta con que tomes una foto bonita con el móvil para ganar dinero con la cuenta de Instagram. Las fotos son el alma de esta plataforma y si quieres destacar, por sobre los demás, tienes que tener imágenes que sean de alta calidad, ten presente entonces:

- Lo que usarás para tomar la foto, sea una cámara o móvil.
- El encuadre
- La edición posterior.

Puedes hacer fotos con el móvil, pero este tiene que tener una cámara de calidad, no la tomes con ese móvil de 2013 que tiene una súper cámara de 2 megapixeles, porque será una foto horrible. La imagen debe ser algo que detenga el scroll de quienes andan en la red social.

Cómo crear contenido audiovisual de calidad, paso a paso

Te cuento la forma en la que puedes crear contenido:

- Los megapíxeles son importantes en la imagen, pero no son los protagonistas de todo.
- El sensor de luz, en el tamaño influye el rendimiento y en condiciones de baja visibilidad tienen un rango más dinámico.
- Tienen un buen lente.
- La apertura máxima de la cámara indica la cantidad de luz que puede entrar en el sensor, puede ser (f/1.7 tiene más luz que un f/2.2).
- Buen procesador de la imagen.
- Si el dispositivo tiene dos cámaras traseras, es una tecnología más de punta hoy en día y se pueden crear imágenes con gran angular además de otras cosillas.

Debes pensar en el encuadre de la imagen, es importante que el foco de atención esté en lo que quieres contar con la foto.

Se recomienda un foco de atención centrado, aunque ayuda la opción de macro con un fondo difuminado de sombras.

No se recomienda imágenes que pueden ser lindas, pero sin un foco de atención, porque la mirada es dispersa y seguramente no interese, por muy bonita que sea la foto.

Por otra parte la edición previa de la foto antes de que la publiques. Instagram te muestra varios filtros y parámetros, pero si quieres que sea más profesional, es la idea porque hablamos de monetizar la cuenta, lo mejor es que uses herramientas profesionales como:

- **Lightroom**: Esta es muy útil y fácil de usar, te facilita tomar fotos que terminen con un acabado profesional, puedes hacer retoques de luz, contrastes, tapar detalles que no te gusten, ordenar las carpetas de fotografías, etc.

- **Photoshop**: el conocido de todos, para editar imágenes es increíble, es para quienes sepan manejarlo, aunque en YouTube hay mucho contenido en paso a paso para usarlo. Pero si sabes cómo se usa entonces puedes tener buenas imágenes que impacten en la red social.

- **Canva**: Ha cobrado fama en los últimos tiempos, es sencilla de usar, es online y puedes de forma rápida e intuitiva encuadrar las imágenes, decidir el tamaño de las fotos y agregarle efectos a los textos y ponerle filtros.

Trabaja acorde a tu perfil con el nicho con el que trabajas

El tener una cuenta sirve de poco actualmente porque Instagram ha crecido tanto que destacar requiere más esfuerzo de nuestra parte.

Para poderte especializar y ser un influencer que influya tienes que especializarte en algún nicho de mercado. Aquellos que quieren ganar dinero con la red social no ven la cuenta como algo personal sino como un mundo para ganar dinero y hacer negocios.

En el 2019 IAB Spain realizó un estudio de redes sociales y determinó que el 62% de los usuario habituales de Instagram son mujeres y el 38% hombres. Entonces en esta red social predominan las mujeres, pero que cada vez es más usada por el sexo opuesto, al tener un crecimiento exponencial en la franja de 16 a 30 años y el 70% de las mujeres y en el margen de 31 a 45 años cae en cinco puntos con un 65% de mujeres.

Instagram es muy visual, aquí las cuentas que más triunfan son:

- Animales y mascotas.
- Tiendas online para conocer productos y servicios.
- Temas de cocina y restauración.
- Deportes, estar en forma, dietas, wellness.
- Autos.
- Arquitectura, diseño, ilustración, arte.
- Viajes, ocio y hostelería.
- Modas.
- Belleza.
- Joyerías.
- Etc.

Una cuenta conocida en un nicho es la de @MargotBlanxart que está centrada en la temática de producir complementos boho para novias e invitadas a bodas. Tiene:
- Ventana para los productos handmade.
- Redirige a la tienda online.

- Promociona cursos en el taller.
- Es un canal de contacto para que le hagan pedidos.

En la biografía del perfil se dedica la opción de enviar un mensaje a la dirección y un enlace a la tienda.

En los post se ven imágenes profesionales que son muy cuidadas, textos amigables centrados en generar conversación con los usuarios, no solo en vender. Tiene una selección de hashtags relacionados con la temática del sector de negocio, son pocos pero buenos.

Además otro salto en esto es que profesionaliza la cuenta, tiene que convertirla en una empresa, esto se vincula con el Instagram y el Facebook, así puede poner el botón con la llamada a la acción donde dice por ejemplo "envías mensaje" allí obtiene datos de Analytics y hace publicidades en Instagram.

Publicidad en Instagram

Para poder ganar dinero se tiene que invertir dinero, eso sí con inteligencia y haciéndolo correctamente. Una campaña publicitaria en Instagram nos puede ayudar a multiplicar la inversión realizada, consiguiendo que se atraigan clientes potenciales o seguidores a la cuenta, todo depende del objetivo.

No nos podemos asustar ante la idea de hacer publicidad porque no hay un presupuesto mínimo o uno obligado, si quieres puedes empezar solo con cinco euros al día o tres mil al mes, todo depende del bolsillo.

Las campañas se pueden parar y modificar en cualquier momento, todo se piensa para que la plataforma publicitaria de

Instagram y Facebook dé oportunidades a pequeños y a grandes, la publicidad digital no es solo para las marcas inmensas.

Vende tus fotos en banco de imágenes

Puedes vender las fotos a bancos de imágenes. Lo puedes hacer directamente, subiendo parte de las imágenes que has hecho para la red en un banco y ponerles precio.

Puedes usar bancos como Shutterstock.com, que trabaja bajo el concepto de micro stock.

No es ningún tipo de disciplina fotográfica, es una forma de venderles esas fotos a terceras personas.

Gracias al internet y las redes sociales, las imágenes han aumentado y por esto es que desde principios del 2000 surgieron los portales de este tipo.

Estos son como bancos de imágenes low cost donde todo se basa en la capacidad para hacer fotografías profesionales y tener paciencia para subirlas a plataformas como la que te nombré y ordenarlas según las necesidades del portal.

Las fotos las haces tú, ellos las venden, los honorarios se reparten en proporción y quien más tiene beneficios es el autor.

Un ejemplo es que por cada cien imágenes puede llegar a tener 400 euros al año. Pero si subes constantemente nuevas imágenes, digamos que tienes unas 1600 fotografías, te ganas unos 6400 euros anualmente. No está nada mal.

Esto no tiene secretos o yo te muestro algo que revelará el modo de hacer dinero por internet, solo es tener constancia y hacer todos de calidad para subirlas a las plataformas de micro stock. Por lo general no hay exclusividad, entonces puedes subir la misma imagen a varios portales.

La idea es que las subas de tu Instagram para que sepas que pueden usarlas las empresas o las agencias.

Cómo aprovechar al 100% las stories

Seguramente pasas un rato viendo las stories de las demás personas. Si quieres progresar y monetizar la cuenta, no debes escapar de esta opción porque las Stories tienen muchas oportunidades no solo de imágenes, o swipe up, sino también los eventos en directo y el Instagram TV.

En España son tan fanáticos a las Stories que se publica un 150% más que la media mundial.

Instagram Stories surge para ser competencia de Snapchat, son imágenes que duran apenas 24 horas aunque ahora se pueden dejar permanentes en la parte media de la cuenta. Las destacas luego de la descripción del perfil y esto le da más presencia al perfil.

Puedes generar un engagement del producto u la marca usar las historias de Instagram, publicar descuentos de los productos, novedades, las mejores fotos, los eventos a los cuales has ido, todo esto va a reforzar el perfil y generarás una humanización de la red, algo que a la gente le encanta.

También vas a poder ordenar las temáticas, donde cada esfera de la Storie destacada simboliza una temática, y luego de ella hay antiguos Stories que hayas querido destacar.

Otra de las grandes posibilidades que te brinda Instagram Stories es que puedes emitir en directo, te puedes dirigir a los usuarios, hablarle de productos, servicios, eventos, cursos o lo que sea que manejas en tu marca. Te puedes hacer cercano a la comunidad, mostrar una parte de tu vida, como para que la gente sienta que te conoce la intimidad. Les puedes llenar de historia de valor.

Tienes además el Instagram TV que ha cobrado éxito a pesar de que al principio la gente no lo tomaba mucho en cuenta. Con esto puedes poner videos más largo al limitado minuto de Instagram, los debes hacer de alta calidad y que la gente los pueda ver cuando quiera. Los puedes hacer previamente y luego los subes con la calidad correspondiente.

Esta funciona como una aplicación independiente que puedes instalar aparte, los videos de la aplicación pueden ser un complemento y un refuerzo a la estrategia para que monetices la cuenta en Instagram, te recomiendo que cuelgues videos de unos quince a sesenta minutos, es excelente para que promociones un producto para que hables de una posibilidad de negocio, para que expliques algo que sepas puedes monetizar si llegas a tu nicho.

Las grandes ventajas de los eventos en directo

Los eventos en directo te permiten tener una conexión con tu audiencia al momento, porque con ellos si alguien te comenta algo, le respondes de inmediato, hay interacción instantánea, y no hay nada que le guste más a las personas que tener un live donde esa persona que sigue les suelta un guiño, es un modo de fidelizar.

Puedes ayudar a las personas con lo que ofreces, sea producto o servicio, aclarar dudas, profundizar en el tema y llevar las riendas para al final cuando acabe ese Live que tiene un máximo de una hora, quienes te siguen puedan quedar satisfechos.

Asimismo puedes trabajar el contenido para que la gente se una solo con el gusto de verte, no siempre tienes que ser un infomercial, puedes mostrar interés genuino por tus seguidores y hablar de ti, de tu experiencia de un tema del mundo, de lo que sea. Esto fideliza más a la audiencia.

Plataformas de influencer marketing: donde anunciantes e influencers se pueden encontrar

Hasta hace poco tiempo tenía que buscarte la vida para conseguir las marcas que quisieran hacer post patrocinados en tu cuenta, especialmente cuando empezabas.

Es verdad que a los grandes influencers con más de cien mil seguidores se les busca, pero los pequeños, los micro con apenas 5 mil o poco más, se tienen que mover un poco para hacerlo. Debían mostrar el perfil, el tipo de target al que se especializaba, los datos de los seguidores y de Analytics.

Pero ahora no es tan crudo, hay plataformas que permiten a las marcas y a ti influencer, encontrarse con otros, te comparto 5:

Influenz

Si eres un influencer y quieres tener más dinero con la cuenta, solo te debes registrar aquí. No tiene costo y ellos mismo te proponen una tabla de ganancias de acuerdo al número de seguidores que tengas.

Influenz muestra beneficios y estos dependen de la cantidad de seguidores que tengas. Por ejemplo si tienes cinco mil, puedes ganar 10 dólares por un post validado, si tienes 500 mil, seguidores puedes ganar mil dólares por cada post validado. La media es de 2 dólares por cada mil seguidores.

Coobis

Esta es una plataforma de marketing de influenciadores importante, no solo porque reúne las condiciones básicas para que funcione bien, sino porque el rendimiento en las campañas es excelente. Responde a las necesidades de los anunciantes y los editores.

SocialPubli

Esta es otra plataforma que te recomiendo si eres un influencer que pone en contacto a las empresas contigo. Entre ellos están los blogs, las redes sociales, cuentan con un papel importante: Facebook, Instagram, LinkedIn, YouTube o Snapchat. Lo mejor de este sitio es que no solo trabaja con influencers, sino con microinfluencers. Solo tienes que entrar y crear tu perfil. La plataforma te va a indicar las señales que te llevan a los intereses y los de tu audiencia. Así las marcas van a saber qué tipo de comunidad creaste.

Fluvip

Esta es una empresa de Colombia que tiene una gran presencia en toda Latinoamérica y en el mercado hispano de Estados Unidos. Tiene como tarea conectar influencers con el fin de ayudar a ambas partes a monetizar las acciones en las redes sociales. Por lo tanto la herramienta se centra en los anuncios. La plataforma tiene 30 mil usuarios registrados y estos pueden ganar unos 50 dólares y hasta un máximo de 150 mil de acuerdo a la campaña y los resultados que vayan logrando.

Vende tus presets o filtros predeterminados que has creado

A lo mejor te preguntas qué es un preset, bueno, son efectos predeterminados, que se generan por Lightroom y ayudan a que se mejoren los efectos de las imágenes de Instagram. Son como una especie de filtros increíbles, los hacen los instagramers o los profesionales de la fotografía que los dueños ponen a la venta.

Te lo pongo con ejemplos:

@Doyoutravel: Lauren Bullen y Jack Morris son una pareja, ellos tienen más de 2,7 millones de seguidores y tienen un gran negocio con esto. Las fotos que ponen son impresionantes y luego venden los presets.

Se puede aprender de ellos sea para crear fotos o para monetizar la cuenta en Instagram.

@7kidz: este es un mentor de instagramers, vende sus presets y son muy buenos. Incluso es buena onda y regala algunos para comenzar a aprender.

Destaca los servicios de otras marcas

Otra forma de ganar dinero es que muestras los servicios de otras marcas, para ello necesitas publicar contenido de calidad.

Las imágenes o los videos son la esencia de la red social, lo sabes.

Tienes que promocionar los productos con imágenes creativas. Las fotografías que son elementales en el mundo online. El 67% de los consumidores afirman que para las imágenes detalladas se tienen que comprar informaciones del producto, incluso las valoraciones de otros. No te tienes que limitar a subir el catálogo en Instagram, la clave es que crees imágenes únicas con personalidad.

Otro punto es que no seas tan promocional, el repetir una y otra vez lo genial que es la marca no te hará que ganes amigos, la clave es que muestres los productos de manera visual, pero permitiendo que los demás tomen sus propias decisiones sin sentir la presión.

Ya sabes que las imágenes tienen que tener calidad. Que sean en un formato cuadrado y se ajusten automáticamente al 612 por 612 píxeles de Instagram.

Si colocas malas imágenes o con elementos cortados afectarás la imagen de la marca y eso te afectará con esos clientes. Ten presente el formato cuadrado en la composición y guarda las imágenes con al menos el doble de la resolución. Luego las editas. Recuerda cuando estés en este paso que aparte de ti 95 millones de imágenes más se publican al día, así que tienes que destacar. Usa las herramientas de la aplicación y también las que te nombré antes. Pule las imágenes, destaca colores y recuerda que las imágenes claras tienen un 24% más de "me gusta" que las oscuras y que las de un color dominante tienen un 17% más.

Debes ofrecer promociones y anuncios exclusivos a los seguidores, esta es una manera de aumentar el engagement y vincular la actividad en Instagram a las conversiones.

Este es el sueño de muchos, de los que quieren ser una estrella en el internet, para los influencers que ya tienen una cantidad de seguidores, pueden hacer interacción y tener contenido relacionado con la marca.

Si una empresa ve el potencial de la cuenta puede terminar haciendo trato contigo y ambos sacar buen beneficio. Te puedes acercar tú a las marcas relevantes e intercambiar para luego cobrar por promover productos o servicios.

Esta es una forma de marketing donde obtienes ganancias porque mencionas cuentas comerciales o particulares que te paguen por llegar a los seguidores.

Puedes tener acuerdos con personas en X número de publicaciones sean en tu muro o en las Stories.

Es un modo de ganar dinero o seguidores entre cuentas o perfiles.

Publicar anuncios de las marcas es de las formas más comunes para ganar dinero, muchas marcas buscan influencers que vayan con sus nichos para que les muestren los productos o los servicios. Les pagan por ello y realizan la mención a la marca o anuncian el producto directamente.

Sin embargo, no es fácil encontrar el modo de contactarlos, al menos al inicio, a estas marcas que busquen influencers. La primera opción, cuando se arranca es que se vaya contactando una a una las cuentas y los perfiles de empresa de las marcas con las que creas que tienes conexión y les ofreces los servicios.

Otro modo es que uses plataformas de influencer marketing para que evites estar de perfil en perfil, estas plataformas ayudan a ofrecer campañas concretar y la ganancia que tendrás, solo tienes que publicar el post por el que hayas acordado en el momento que te lo hayan pedido y ya está.

Comprende los 5 algoritmos de Instagram

Si andas pensando en promocionar la marca en Instagram, de manera orgánica, tienes que entender la forma en que funcionan los algoritmos de la red, así sacarás mejor provecho a sus opciones.

Edgerank

Marca la prioridad de los contenidos que se muestran en el menú de inicio para que cada persona que usa la red la vea. Si abres dos cuentas y siguieras exactamente a las mismas personas, las recomendaciones que verías en cada una serían diferentes. Todo depende del comportamiento de navegación que se hace con cada una. Thomas Dimson quien es ingeniero de software de Instagram explica que el algoritmo tiene variables:

- Las cuentas que se siguen y tienen contenido que atrae.
- Las cuentas con las que se mensajea en privado.
- Las cuentas que se buscan.
- Las cuentas de personas conocidas en persona.

El cambio de la línea de tiempo a nivel cronológico se basa en gustos, se debe a que muchas personas suben imágenes o videos cuando nadie mira, esos contenidos se pierden en el espacio, en cambio, se destacan las posiciones de los contenidos que Instagram predice que le gustan al usuario.

Hashtag search

Maneja la prioridad de que se muestren imágenes cuando se buscan por medio de hashtags determinados, hasta hace poco se pensaba que las fotografías que se veían destacadas era porque pertenecían a cuentas con miles de seguidores e interacciones, pero se ha descubierto que no es así.

Social Media Camp

Esta ha hecho pruebas hasta conseguir aparecer en las primeras posiciones de determinados hashtags con una cuenta de menos de mil seguidores. Aquí entonces lo importante no es la cantidad de likes o comentarios, sino que un número específico de interacciones hechas en tu cuenta en un periodo de tiempo luego de haber colgado la foto.

Stories relevance

Estos tienen su algoritmo y son el orden del día, incluso ganan más en popularidad que las mismas fotos del feed. El algoritmo tiene la tarea de decidir qué historias ve cada usuario y la prioridad. Teniendo en cuenta las pautas de Dimson, más las del SocialMedier, tenemos que tener en cuenta las variables para poder generar contenido para mantener feliz al algoritmo y que nos destaque:

- Las stories de cuentas que visitas frecuentemente.
- Las stories de cuentas con quien hablas de tanto en tanto en privado.
- Las stories de las cuentas que buscas.
- Las stories de tus conocidos reales.
- Lo que dures viendo las stories.
- La cantidad de veces que se visualiza la storie.
- El volumen de mensajes e interacciones generado por dicho storie.

HT follow

En Instagram se permite seguir directamente el hashtag como si fuera una cuenta. El algoritmo establece el orden o la relevancia de este para una cuenta y la asiduidad con la que aparecerá en el feed del usuario.

Places

El algoritmo establece la prioridad teniendo en cuenta las ubicaciones que usa cada persona en sus publicaciones y las historias de manera habitual.

Entonces, regresando al tema de promocionar marcas, el alcance orgánico es la base para construir la presencia en Instagram, pero sobre todo para acelerar el proceso. Instagram tiene una variedad inmensa de soluciones publicitarias que sirven para llegar a más usuarios en menos tiempo.

Si se usa la interfaz de Instagram Ads que se integra con Facebook Ads y se ve el montón de opciones distintas, entonces se puede ver la complejidad y empezar a escoger y ver los objetivos y los formatos de publicidad de la red social.

Cómo usar Instagram Ads

Como influencer en algún momento o muchas veces tendrás que usarlos en tu proceso de crecimiento. El objetivo que escojas para la campaña, determina cómo se van a optimizar los anuncios y cómo pagas por ellos. Por ejemplo, si el objetivo es que se dirija el tráfico, tiene sentido que se pague por clic y no por interacción con la publicación.

Al momento de configurar el anuncio se puede escoger entre los siguientes objetivos:

- Que reconozcan la marca, es alcanzar a las personas que tienen más probabilidades de ver el anuncio y así mostrarnos y que nos sigan o hagan lo que quisiéramos que hicieran.
- Alcance: mostrar ese anuncio a la mayor cantidad de personas posible.

- Tráfico: es dirigir a la página web o a la página de la app store de tu aplicación o a tu sitio web o a donde desees que lleguen.
- Interacción: es lograr que más personas vean lo que publicaste o la página que comenten, que dejen me gustas o que vayan a eventos o aprovechen ofertas.
- Descargas de aplicaciones o contenido: puedes mandar a los usuarios a descargar tu ebook que está gratuito estos días o pedir que se bajen la aplicación de tu marca.
- Reproducciones de video: puedes promocionar videos de cómo se hizo de lanzamientos de productos o de historias de clientes para aumentar el reconocimiento de la marca.
- Generar clientes potenciales: es recopilar datos de personas interesadas en la marca como inscripciones a un newsletter.
- Mensajes: es conectar y comunicarte con clientes existentes para aumentar el interés en el negocio.
- Conversiones: es conseguir que las personas hagan acciones valiosas en el sitio web o en la aplicación para hacer la compra.
- Ventas de catálogo: es mostrar productos de tu ecommerce para que te compren.

Bien, ahora sabes las opciones acordes al tipo de influencer que seas, ya puedes escoger el objetivo más adecuado para la campaña, por ejemplo si quieres que vayan a una aplicación o a un evento, lo lógico es que escojas el tráfico, en cambio si quieres que te compren un producto nuevo, lo mejor es que escojas algo relacionado con ventas como conversiones, ventas de catálogo, tráfico de negocio, entre otros.

Cómo llegar al público adecuado

Los anuncios tienen las mismas opciones de segmentación que tiene Facebook en sus publicidades, como ubicación, demografía, intereses, comportamientos y más.

El nivel mínimo de segmentación es el país, el género, grupo de edades. Cuando haces las configuraciones en la segmentación, en función de la ubicación y los intereses, comportamiento o lo que quieras, podrás ver el tamaño de la audiencia a la derecha.

Tienes además otras alternativas valiosas como los públicos personalizados, los anuncios similares y otros.

Los públicos personalizados son personas que han ido a otros sitios web o compartido información contigo. Los anuncios que se dirigen a ellos suelen funcionar bien, ya que estos usuarios se han manifestado con el interés en el negocio.

Para poder crear un público personalizado se tiene que subir una base de datos de correos o de números telefónicos, ya Facebook va a buscar a los usuarios en función de la información y cuando los tenga podrás usarlos para las campañas de Instagram.

Los públicos similares son un tipo de audiencia personalizada que busca a usuarios similares a los clientes actuales, esto aumenta las posibilidades de éxito en las campañas.

Puedes crear un público similar a partir de los usuarios de un público personalizado o a partir de los usuarios que han dado a me gusta en la página. Se puede escoger un porcentaje de similitud y con ello el tamaño de la audiencia, desde el 1% hasta los usuarios más parecidos en base a un 10%.

El proceso de escoger el formato publicitario adecuado para Instagram Ads

Ahora viene el proceso de abordar la decisión fundamental para promocionar marcas en Instagram por medio de publicidad. Este es el formato de anuncios.

Veamos las opciones que tenemos:

Photo Ads

Es el más sencillo, ideal si quieres mostrar productos y servicios de forma sencilla y directa, puedes escoger entre hacer anuncios en formato cuadrado, retratos o paisajes. En el pie de foto puedes poner hasta 2200 caracteres, pero se recomienda que no se pase de 125 que son un par de líneas.

Video Ads

Las publicaciones de video reciben el doble de interacciones en Instagram, este formato publicitario tiene un potencial altísimo, además te da la oportunidad de compartir historias complejas que no se pueden mostrar en una sola imagen. Se pueden poner videos entre uno y 120 segundos. Y se aplican las normas de los caracteres para el pie de foto.

Stories Ads

Ya te comenté que hay más de 500 millones de cuentas que usan las Instagram Stories a diario. Este formato ha ayudado a las marcas a tener muchos de sus objetivos allí. Una de las clases es que se pueden compartir contenidos más naturales y menos pulidos, los anuncios se pueden poner en fotos o en videos.

Carousel Ads

Esto es cuando puedes deslizar la foto para ver otras y tienes hasta diez fotos para mirar. Los anuncios tienen que tener al menos dos y máximo diez. Admite fotos y videos. Las restricciones para el pie de foto son los mismos que los anteriores.

Collection Ads

El formato de especializa en que los usuarios puedan descubrir y comprar productos y servicios directamente desde el móvil, cada colección tiene una imagen o un video principal y tres más pequeñas para hacer una cuadricula.

Promoted Instagram Ads

Se parecen a las promocionadas en Facebook estas permiten que se alcancen publicaciones y Stories.

Branded Content Ads

Este formato es nuevo y pensado para promocionar publicaciones de influencers, aumenta el alcance de las campañas de colaboración.

Cómo ganar dinero con afiliados

Vamos a ver esto, es un lado del espectro que puede servirnos a nosotros que andamos en el medio influencer. El promocionar productos es una opción de ganar.

Esto nos permite aumentar la cantidad de seguidores y proporcionar publicidad a pequeñas empresas y sitios web, es así como se puede aprovechar la táctica.

El marketing de afiliación es una modalidad comercial en la que las ventas de un producto producen una comisión por la mediación que se realizó y que permitió hacer efectiva la venta. En este proceso interfieren el comerciante y el afiliado:

- El comerciante que quiere vender sus productos publicitándolos en páginas webs externas, para esto se vale de herramientas como banners y paga comisiones.
- El afiliado quien es el que maneja la web en donde el comerciante publicita, este pone a disposición partes de espacio en su plataforma, el afiliado ejerce una especie de papel de conexión, entre quien vende y quien compra un producto o servicio. El posible cliente ingresa en la página del afiliado observa el banner y accede al enlace.

La forma más conocida de este proceso de marketing digital es esta que he mencionado por medio del acceso a través de la web del afiliado, pero también existe la opción de manejarlas por medio de campañas de correos electrónicos de marketing, también activarse a publicitar en las redes sociales.

Te muestro algunas redes de afiliados y lo que estas ofrecen.

Clickbank

Es una plataforma de acceso para muchos blogueros primerizos que quieren promocionar sus sitios, aquí hay una red con un banco de productos de alta calidad, podrás tener un puntaje de gravedad, que indica qué tan bien vendes ese producto para otros afiliados en esas últimas doce semanas. Arranca con los productos que se venden bien.

ShareASale

Es muy popular, y tiene muchos productos de marketing de afiliación, con más de 40 categorías. Te puedes registrar fácilmente en apenas cinco pasos. Esta te recomienda enlaces de matrículas, que son personalizados para que le hagas un seguimiento a las promociones de los productos en las redes sociales.

OfferVault

En realidad se puede decir que no es una red de afiliados, más bien es un agregados, es decir una herramienta de referencia, para conseguir productos para promocionar. Entonces si te gusta la oferta podrás registrarte en la red de afiliados que enumeró la oferta directamente.

Todo lo que tengas de dudas con esa oferta las puedes aclarar con la propia red.

Peerfly

Esta es una red de afiliados que se basa en el costo por acción como un sistema personalizado, para poder promocionar en la red por medio de Instagram. Tienes que configurar un dominio de seguimiento personalizado, y debes ejecutar la campaña por medio de un administrador de afiliados antes de publicar las promociones.

MaxBounty

Esta permite ofrecer las mejores tarifas de la industria. Tiene más de 150 campañas en varios dominios, incluidos los de educación, temas de salud, juegos, finanzas y similares. Si ganas mil dólares seguidos en tres meses luego del registro, puedes tener un bono más de otros mil dólares.

Teespring

A lo mejor la venta de camisetas no la ves como un buen negocio, pero hay personas como Benny Hsu que han ganado más de cien mil dólares en esta plataforma y en 5 meses. La plataforma te recomienda usar la URL de la campaña y los hashtags relevantes cuando promociones los productos en Instagram.

Cómo elegir el producto correcto

Para conseguir los productos que necesitas, debes ubicar el nicho al que te diriges. Debes obtener críticas de clientes si nunca comprarías el producto que promocionas entonces esto lo haces mal.

Anuncia productos propios

Otro modo de ganar dinero es que anuncies productos propios, esto en términos de inversión requiere más, pero es una forma de tener mayores rendimientos. Ten en cuenta estos aspectos para que puedas desarrollar esta táctica de una forma más eficiente:

- Puedes abrir una tienda online o colocar el producto en una que ya exista para que allí lleguen las personas luego de hacer clic en el enlace de promoción.
- Crea una cuenta de Instagram que se construya alrededor de tu nicho para publicitar tus productos o servicios.
- Destaca productos en tu cuenta de Instagram personal, en la cual puedes promocionar también el producto o servicio que manejes.

Tienes una gran cantidad de oportunidades que puedes aprovechar para tu beneficio. Por ejemplo puedes encontrar compañías de impresión a pedido como Zazzle que permiten que diseñes y vendas ropa, sombreros, bolsos, pegatinas, todo sin inversiones ni costos generales.

Adicionalmente puedes usar otros recursos gratuitos como otras redes sociales para que promociones los productos. Hay personas que ganan hasta cinco cifras mensuales con este modelo de negocio.

Veamos un ejemplo, la cuenta de Instagram: Doug the Pug, ella muestra la vida de uno de los pugs más geniales y tiernos de internet. Doug.

Aquí se ve la vida de Doug y se ven los seguidores y sus aventuras. En junio de 2017 la cuenta tenía 2,7 millones de seguidores.

Sus administradores han sabido sacarle provecho, porque el animal tiene hasta su propio libro llamado Doug the pug of Pop Culture, que es bastante impresionante dado que el perro no sabe escribir, ni puede hacerlo.

Asimismo tiene su tienda oficial que tiene camisas, sombreros, tazas, peluches y más. Incluso se ven apariciones en todo el país. Lo que hizo el dueño de este perro es que le sacó marca y lo mejor es que todo se centra en la página de Instagram.

Con esa cantidad de seguidores generan mucho tráfico de calidad a la tienda y en consecuencia ganan muy bien con ello. Pienso que este es un ejemplo increíble de cómo siendo influencer se puede construir una marca desde cero.

La cuenta de Doug es una plantilla que promociona su marca y productos los cuales se venden en su tienda online. Solo tienes que usar la creatividad y descubrir el ángulo interesante que va a entusiasmar a la gente e invertir en él.

Sin duda se trata de una inversión de tiempo que puede pagar dividendos si se establece una audiencia grande y orgánica.

Y así, puedes monetizar Instagram y ganar dinero desde cero siendo un influencer.

Capítulo 3
Cómo ganar dinero siendo influencer en YouTube

Para muchos es la gran incógnita porque intentan y no logran monetizar sus canales. Algunos se frustran por ver cómo lo hacen las estrellas de YouTube con una gran cantidad de suscriptores. ¿Cómo ganar dinero si no eres una de esas estrellas y apenas vas en crecimiento?

Convertirse en un youtuber profesional puede sonar divertido y esperanzador, pero no tienes la garantía de que vaya a funcionar. La creación de videos puede ser lo tuyo entonces si eres influencer y quieres conocer estrategias, te las contaré.

Sobre si se requieren suscriptores para ganar dinero, New Media Rockstars estima que los mejores perfiles de YouTube ganan mucho dinero dependiendo del tipo de canal que tengan. Pero muchos de estos se relacionan con la cantidad de suscriptores que tienen.

No esperes a ser un canal inmenso para ganar dinero, los pequeños y específicos se pueden monetizar. El número de seguidores no determina la calidad del contenido, pero el engagement sí lo hace.

Vamos a ver cómo ganar dinero.

Para poder resolver la incógnita de cómo ganar dinero tienes que definir cuál es tu público potencial, así podrás planificarte en función del rendimiento que desea obtener.

Para muchos usuarios de YouTube que quieran ganar dinero, les da lo mismo ubicarse en uno u otro nicho, pero entre más específico sea el lugar, mejores serán las probabilidades de conseguir espacios específicos para ganar dinero.

Presta atención a:

- El género, este es importante para que determines a dónde se inclina la audiencia.
- La edad de tu público, en base a los productos y servicios que vas a ofrecer.
- La región en la que aplica la comercialización de tu producto o servicio.
- El tiempo de reproducción, aquí el engagement de la audiencia es vital para darle valor al canal.

¿Cuánto dinero se puede ganar?

Seguramente esto es lo que te preguntas ahora mismo. Como casi todas las preguntas que suceden al respecto, la respuesta es vaga, puede ir desde cero hasta millones al año.

El punto en cuanto a la cantidad de ingresos que YouTube puede generarte depende proporcionalmente de la aplicación de diversas estrategias de marketing que pueden impulsar las ganancias de forma considerable.

Vamos a analizar poco a poco esto, porque es una situación completa que merece que te lleves una idea más real de lo que puedes ganar y las condiciones.

Vamos a comenzar por la vía de ingresos más común que es la más inmediata y accesible y es con la publicidad de AdSense es de las más sencillas pero la que menos dinero deja. Para registrarte en Google AdSense solo necesitas tener una cuenta de correo de Google, una dirección y correo postal y conectar su sitio agregando una pieza de código a su sitio.

Supongamos que vemos el canal Topes de gama que es de los más populares en tecnología que mostrará los datos y las estimaciones de sus ingresos, ellos tienen ganancias entre 2700 euros y 42800 euros mensuales. Es amplia la horquilla entre una y otra, esto es porque varía en función de muchos factores como el nicho, el país que ve el video entre otras cosas.

El importe por mil reproducciones es entre 0.25 y 4 euros. Claro así como ellos ganan esa cantidad muchos se quejan de que no ganan nada que si acaso 0.5 euros o menos.

Si las reproducciones de Topes de Gama fueran solo en España que tienen una media de un euro por reproducción se estarían ganando unos 11 mil euros al mes.

Ten presente que te hablo solo de ingresos AdSense y como te dije no es muy buena fuente de ingresos. Con otras opciones puedes ganar mucho más. Los canales aprovechan el potencial de estos ingresos para poder invertirlo en otras cosas que aumente aún más el dinero.

Ejemplos de algunos youtubers famosos

Esto que te mostraré servirá para que vayas a ver a estos youtubers y los que tú sigues.

Si te fijas en las cifras, verás que los primeros puestos en los rankings de canales con más seguidores lo dominan los gamers, el humor de adolescentes y veinteañeros y los canales de niños.

Son canales tan poderosos en seguidores que han superado incluso canales de televisión. Tenemos por ejemplo en canal llamado El Rubius, donde Rubén Doblas Gundersen, es un chico en sus veinte que comenzó el canal ya hace algunos años.

Sus ingresos según Social Blade, se mueven entre los 17700 y 282500 euros al mes solo con Adsense.

A lo mejor este no sea el tipo de canal que quieras montar, además de ser nichos que están ya recorridos con competencias altas ahora mismo. Solo te muestro los potenciales y te digo que entre 50.000 y 10.000 suscriptores es donde se comienza a tener un ingreso bueno en YouTube.

Lo mejor y que motiva es que existen muchos canales así en español. Bueno, luego de ver esos ejemplos te quiero mostrar otros más variados y realistas con sus nichos.

Comencemos con Sergio Peinado, quien es entrenador personal, Licenciado en Ciencias de la Actividad Física y del Deporte que tiene uno de los canales fitness más famosos en español. Este canal cuenta con unas 2,5 millones de reproducciones mensuales, entonces basados en el cálculo anterior, se saca unos 2500 euros al mes.

Aunque, si investigas un poco, vas a ver que monetiza por otras vías como con cursos online que los tiene en 197 euros.

¿Ya ves el potencial que se le puede sacar a esto?

Entonces se va haciendo imposible saber la cantidad de ingresos pero con un supuesto de mis ventas que es algo conservador, con la relación al tamaño de la audiencia, se podría decir que gana 197 mil euros.

Otro ejemplo que te tengo es el de la moda y el Lifestyle. Tenemos a Sara Sabaté, una youtuber de moda en el tema. Ella, indica que tiene medio millón de reproducciones al mes, lo que son unos 500 euros mensuales en publicidad.

La cifra no es muy alta para la audiencia, pero ella trabaja con otras marcas que seguro le traen ingresos más jugosos.

Es complicado calcular cifras de venta, pero en el tráfico que muestra Rubén, es probable que hablemos de cifras de seis dígitos al año.

Condiciones para monetizar el canal

Nos encontramos en un punto donde tenemos que ver lo que puedes aportar al canal que sea novedoso y esté dirigido a tu nicho. En este lugar tienes que trabajar contenido original y de calidad. Ten presente estas condiciones elementales para que ganes dinero en YouTube:

Debes satisfacer una demanda real

Debes apuntar a un público claro, entre más grande sea pues mejor, tienes que aportar valor a ese público.

Hay personas que dicen que como a ellos les gusta a los demás les gustará también. No, no es así. Tienes que investigar otros canales y sus temáticas o las temáticas parecidas y las cifras.

Finalmente esto será decisivo sobre la medida en la que consigues diferenciarte de la competencia con la propuesta de contenidos.

Conseguir visitas

No es imposible que un canal de YouTube crezca solo porque los contenidos son tan buenos y versátiles que se vuelven populares. Pero tienes que ser realista, es difícil que esto suceda así.

Seguramente nunca lograrás dar un golpe de estos y pases años dándote golpes contra las paredes. Al final te frustrarás y abandonarás diciendo que no ganas nada con esto.

Tienes que aprender a saber manejar el canal de una manera orgánica.

Necesitas motivación y constancia

Tener un canal de YouTube exige trabajo duro, mucho. No es solo que subes contenido y ya. Es aprender muchas cosas, técnicas, estrategias, marketing etc.

Ganar dinero con anuncios

Ya te asomé cómo ganar dinero con los anuncios. Para ello te tienes que inscribir en YouTube en la sección de Creator Studio. Cuando te haces socio tienes que tener en cuenta que Adsense te dará ingresos publicitarios considerables.

Cuando creas la cuenta verás un "$" de color verde al lado de tus videos. Esto ayudará a que detectes si la monetización se ha activado.

Cuando el contenido no va acorde con las políticas, se desmonetiza, este es un proceso automático desde 2012. Por eso muchos videos dejan de ver ingresos sin previo aviso.

Entonces, ya puedes registrarte con AdSense y comenzar a ganar dinero, pero hay más opciones, vamos a verlas.

Haz crowdfounding para tus proyectos

Si el dinero se interpone entre la idea y el que se haga, el crowdfounding es una buena manera de arrancar.

Sin importar lo que necesites para empezar o para tener los costos de producción, puedes emplear la audiencia para que colaboren en hacerlo, es más, muchos creativos han sido financiados así para llevar a cabo ideas que espera la gente ver de ellos.

Hay varios sitios populares de crowfunding que tienen campañas que han dejado buen dinero.

Tenemos por ejemplo el canal Entregrados, donde invitan personas famosas, se ponen a beber licor y la entrevista gira alrededor de ir bebiendo e ir subiendo el nivel de las preguntas a medida que el alcohol invade las venas. Este canal ha tenido buenos ingresos por medio de Patreon, porque ha viajado a otros países para poder entrevistar a los famosos e incluso hacen Entregrados Live, con público que paga una entrada para verlos.

Veamos otras opciones:

- Kickstarter: es de los más conocidos y de los mejores para financiar los proyectos creativos. Tienes que tener un objetivo de financiación viable para que tengas éxito.
- Indiegogo: tiene muchas opciones de financiación, son un poco más flexibles que la anterior.

Colaboraciones con marcas. "Influencer marketing"

Esta es una forma de ganar dinero siendo influencer marketing. La opción encaja muy bien en el marketing con sitios de contenido audiovisual. YouTube es el que permite que se conecte con la audiencia y esto permite que se aumente la confianza con el público y es una gran baza para los influencer de marcas.

Cuando se habla de colaborar con marcas se refiere a fórmulas con contacto más directo entre la marca y el YouTuber.

Te dejo unos ejemplos:

- Patrocinios: es usado mucho en los posdcast, con una cuña de la marca al inicio, medio y final.
- Product placement: típico en YouTube una marca paga para que se muestren productos, puede ser tutorial de uso, análisis etc.
- Merchandising: como lo anterior pero más discreto, la idea es mostrar los productos que se colocan estratégicamente en la mesa en una estantería en el fondo, etc. Así se pueden ver "de casualidad" en el video.
- Generar leads para otros: es derivar leads y clientes, como que un youtuber con un canal sobre mecánica de coches que dice cómo reparar cierta parte y luego lo deriva a un taller.
- Colaboradores en eventos: en este caso puede ayudar a aumentar la audiencia en eventos y colaborar simplemente con la presencia, entrevistas y charlas.
- Consultoría de marcas: es ser un consultor de la marca para poder mejorar los productos en base al conocimiento del influencer y la audiencia y el feedback que recibe.

Coloca licencia a tu contenido

Una buena opción para tener una posibilidad de ganar dinero es que tienes la posibilidad de que el contenido se haga vital, en este caso lo podrás licenciar a cambio de dinero, en resumen: le pones derechos.

Claro, esto lo haces para ver si acaso se hace viral y allí le ves el fruto, si no, las otras opciones mostradas anteriormente te sirven para monetizar el canal.

Debes subir contenido dos o tres veces por semana

Si vas a empezar a subir contenido, ten presente que tienes que subir contenido semanal al menos unas dos o tres veces. Esto solo si quieres ser youtuber a tiempo completo. Si es así, actúa como tal. Esto quiere decir que debes compartir contenido regularmente y al final fijar una frecuencia estándar.

Enlaces de afiliados

Lo enlaces de afiliados pueden ser una buena forma de monetizar el canal, es más, en caso de que tengas un canal de belleza o moda, puedes recomendar productos, es una técnica imprescindible.

Si una persona compra algo navegando desde el enlace que compartes en el canal, vas a tener una pequeña parte de los ingresos del producto, por eso, es importante que te registres en un programa de afiliados para que comiences a mover los productos.

En los programas populares de afiliados hay click bank con comisiones desde el 1% al 75% según lo que maneje el proveedor y la red de afiliados de Amazon, que puede generar hasta un 10% de las ventas. Te puedes poner en contacto con las marcas del nicho que estén ejecutándose en el propio programa de afiliados.

Haz product placement y patrocinio de videos

Ya vas viendo que ganar dinero con YouTube no es tan complicado después de todo. Solo es cuestión de conocer algunos trucos.

Las empresas interesadas en la audiencia del canal, tienen la capacidad de patrocinar los videos y ofrecerte ofertas en los productos placement a cambio de poco, es más, seguramente podrías hasta ganar dinero por las ventas.

Aprovecha otros canales

No te tienes que casar con YouTube, puedes usarlo enlazado con otros canales, de esta manera no solo llegas a una audiencia mayor sino que obtienes feedbacks y beneficios. Una de las alternativas es que uses el email marketing por ejemplo.

Con tu sitio web o en algunas encuestas puedes apropiarte del correo de tus seguidores y podrás conectar con ellos de una forma más cercana. Por eso, lo mejor es que uses los videos para que promociones sitios para que recopiles direcciones y por supuesto para que les des valor y crees lazos.

Cuando te has animado a que exista esta lista de correo, puedes mandar correos cada que se publique un video nuevo. Hay muchos usuarios que no saben que no hay contenido nuevo si no les avisan. Si lo haces, en cambio vas a conseguir que los videos sean vistos por una audiencia mayor que se compromete con la marca y con el público potencial.

Tienes que saber usar las redes sociales para que compartas videos en YouTube. Ten presente que hoy en día las marcas están invirtiendo más en el marketing de influencer, puedes descubrir cómo ganar dinero de una manera más sólida y garantizada.

Los canales de funcionalidad de video aumentan en importancia en las estrategias de influencer marketing. Cada vez tiene más valor la experiencia de usuario entre las marcas y los consumidores, si además introduces a un influencer sucede lo mismo y hay más probabilidades de monetizar el contenido.

YouTube es un canal ideal para hacer reviews, contar experiencias, e incluso llevar al máximo posible el producto al consumidor. Es una plataforma perfecta para estas acciones, por lo que no puedes perder la oportunidad de como influencer conseguir personas que quieran mover productos y tú hacerlo, ganando un dinero por ello.

En este caso te recomiendo que entres a Coobis que es una plataforma de marketing de contenidos, donde podrías conectar con marcas diversas y empezar a trabajar.

Los influencers de Coobis tienen éxito entre las marcas, aunque esto también les permite la posibilidad de realizar acciones con marcas seleccionadas conjuntamente con influencers, lo que permite un trabajo más conectado entre las partes.

Crowdfunding en YouTube vía Patreon

Te mostré hace un rato el caso Entregrados, explora esta plataforma de Patreon. Ella le ha dado la vuelta de una manera interesante a este punto de las donaciones, te cuento por qué.

Vamos a hacerlo con un ejemplo, Jaime Altozano tiene un canal de YouTube que se dedica a los temas de la música, una cosa que es interesante es que con los datos que maneja puede verse en su página que los ingresos máximos que obtiene son buenos.

Para entender la manera de hacerlo y la idea detrás de Patreon se tiene que saber que en este lugar hay dos tipos de creadores:

- Los creadores que son los autores de las obras de todo tipo.
- Los mecenas que son los fans que siguen a los creadores y quieren apoyarlos.

Aquí la idea es que por medio de Patreon los fans de estas personas pueden acceder a una serie de privilegios que los creadores ponen a su disposición a cambio de un pago periódico que se hace por Patreon.

Los privilegios pueden ser de todo tipo, como contenido exclusivo, contacto directo con el creador, entre otros. es básicamente una cuestión de tener creatividad para dar con fórmulas atractivas a cada bolsillo. Esto es precisamente lo que permite estimar ingresos.

Si vemos a Jaime se pueden ver 1061 mecenas, con un aporte mínimo de dos dólares cada uno, lo que daría un mínimo teórico de 2122 al mes. Sin embargo, dado que hay niveles de contribución más alto, entonces la tarifa real es superior

Para el cálculo final se tiene que restar una pequeña comisión que es de 5% que se lo queda Patreon, el 95% es del creador.

Ahora, si vemos Entregrados, este tiene 446 mecenas y los pagos son de 5, 10 y 15 dólares, lo que da, si todos pagan apenas los 5 dólares una cantidad de 2030 dólares al mes, que sin duda es más porque con sus viajes y el equipo que trabaja en los videos, además de los patrocinadores y los eventos en vivo, genera un resultado de más ingresos.

Las membresías de YouTube (Botón "Unirse")

Esta es otra forma de monetizar con YouTube, ofreciendo a los creadores de contenido, es decir tú, una fórmula nueva que es el de membresías. Puedes ver los canales que usan las membresías de YouTube fácilmente con el botón unirse que se ve en el lado del botón unirse que se ve al lado del botón de suscripción.

Una idea, que se inspira fuertemente en Patreon, pero de un modo más pobre es esta opción de suscribirse y con una opción de pago que es de 4,99 euros. Otro tema importante para analizar sería la actitud del público, a mi parecer seguramente les gustaría más pagar en Patreon que en YouTube, pero esto es algo que digo yo en opinión subjetiva, cada quien elegirá mejor dónde pagar.

Vender tus propios productos y servicios en YouTube

Este es un punto bastante evidente y por eso no profundizaré mucho en este porque ya te lo he ido narrando a lo largo del libro y más adelante, te mostraré cómo generar productos y servicios para ganar dinero como influencer.

El producto que más se vende online o el de excelencia son los cursos online, estos tienen muchas ventajas, encajan en muchas temáticas y especialmente, escalan de forma perfecta por ser una venta altamente automatizable. Cuando has creado estos productos puedes vender diez o cien mil, será el mismo curso y ganarás ingresos pasivos.

Puedes vender cursos directo desde plataformas de venta, aunque te recomiendo que vayas más allá y crees una web dedicada a cursos y un blog con un apartado para ello.

Te cuento un secreto para que aumentes los ingresos en YouTube

Son muchas las fórmulas para monetizar YouTube, ten presente que necesitas o al menos te conviene que tengas enlaces en la descripción del video. El tema aquí es este, es vital que puedas medir los clics que reciben estos enlaces, si lo haces aumentas los ingresos en poco tiempo, te cuento la razón:

Hay muchas herramientas para que midas los clics una de las formas es que uses cuentas con acortadores de enlaces y que tengan un panel de estadísticas como lo tienen por nombrar una Bitly.

Esto es así por diversas razones, pero quiero mostrarte un par:

Te permite saber qué productos funcionan y cuáles no.

Es un arma poderosa en el momento de negociar con las marcas.

Ahora, sobre el primer punto, en el tema de marketing de afiliación, es complicado predecir el éxito que puedas tener con la audiencia, la única forma es averiguarlo y que pruebes y midas.

Si usas los enlaces es importante que le hagas seguimiento a los clics, para ver qué tal funcionan, además no van a funcionar igual según que video. Para finalizar aquí siempre hay un margen de optimización que se traduce en aumento de los ingresos.

Ahora, sobre el otro punto te puedo decir que colaborar con marcas donde negocias directo con ella el precio por crear un video es una forma de promocionar sin usar marketing de afiliados.

Muchos YouTubers cobran cifras inferiores al verdadero valor del video, especialmente si aún no son un gran influencer.

El tema aquí es que el YouTuber debe demostrar la efectividad de los videos para la venta de productos, eso va a ser lo que le dará más fuerza en las negociaciones y le hará demostrar resultados.

Las reproducciones de un video son un parámetro importante, pero siempre queda la duda de cuánta gente visitará la marca, la tasa de conversión y la falta de información que permite a la marca presionar los precios en caída, especialmente si estás comenzando.

Pero si dispones de estadísticas de clics, podrás romper esto y medir con precisión el grado de efectividad del video para la marca y negociar con fuerza si los resultados no son buenos.

Esto permite que plantees acuerdos que no sean un pago único, sino un pago por clics que pueden ser más atractivos a largo plazo para ti y para la marca.

Finalmente, esto permite que puedas experimentar con los videos, que remitas de distintas formas a los enlaces, por ejemplo para que aumentes poco a poco la conversión de los enlaces que es la tasa de clic por enlace.

Quiero cerrar con el siguiente punto:

Los riesgos de usar YouTube para ganar dinero y las acciones a tomar

YouTube es maravilloso, han pasado los años y se mantiene vigente, siempre acudimos a él. Se puede monetizar, entretiene y se pasa bien.

Pero recuerda que estar con la plataforma de un tercero tiene su lado dark. El tema aquí es el control de la audiencia lo tiene Google, no tú.

Por ejemplo, a diferencia de la lista de correo como la que se maneja en los blogs, no tienes contacto con tus suscriptores, ni su nombre ni su email, dependes de lo que quiere hacer Google, acciones como notificaciones nuevas ante nuevos videos, por nombrar uno.

Esto es algo que en realidad limita, especialmente en las acciones de marketing, además es un riesgo estratégico para el negocio. El cierre de una cuenta implica que se pierdan los suscriptores de un plumazo, te desaparecen de internet de un día a otro.

Capítulo 4
Otras formas de ganar dinero siendo influencer

Ya te he venido mostrando varias formas de ganar dinero siendo un influencer, pero, además de contar con canales en Instagram o YouTube, hay todavía más maneras de monetizar. De eso te voy a hablar a continuación:

Tener tu propio sitio web, cómo construirlo desde cero

Crear un blog es una de las maneras de monetizar. No es tarea fácil, porque tienes que enfrentar a los que al igual que tú, están trabajando por monetizar su nombre como marca. Cada día nacen sitios webs y al cabo de un año apenas un pequeño porcentaje sobrevive.

¿La razón? Muchos de ellos se frustran porque no lo pueden posicionar. Entonces, qué debe tener un sitio web, para comenzar el lugar donde se aloja, el nombre, la cara y el contenido, así como vender algún producto o servicio o generar tráfico a un nivel tan alto que monetizarlo con Ads sea rentable.

Google funciona a base de palabras clave, tú puedes trabajar, luchando por posicionar tu palabra, pero, otros hacen lo mismo. Cuando un usuario coloca en el buscador esa palabra clave, aparece en los primeros lugares de búsqueda lo que ha posicionado, entonces, puedes tener un buen lugar en internet, ofrecer las mejores ofertas en productos, tener unos servicios que en ninguna otra parte del mundo se van a encontrar, pero si no llegas a los usuarios porque Google no se los muestra, de nada servirá.

Dicho esto, sabes entonces que tener un sitio web es igual que con los canales de las redes sociales, hay que trabajar para atraer a los seguidores. Solo que en el blog hay que trabajar por aparecer en los primeros lugares de búsqueda, y a la vez trabajar moviendo el blog en las redes sociales.

Cómo crear un sitio web paso a paso

El primer paso es elegir un nombre de dominio. Este puede ir relacionado con tu nombre de marca. Por ejemplo, si en redes sociales te conocen como Carlos Cruz Comedia, porque tu canal eres tú, desenvolviéndote como comediante y generando todo tipo de contenido, entonces, podrías elegir www.carloscruzcomedia.com. Claro, esto es algo que decides acorde a la estrategia que manejes.

Busca una empresa de hosting a la cual le compres el dominio y el alojamiento. Ellos te enviarán toda la información que te servirá después para configurar la página web.

Aquí entra también que elijas el plan de hosting, si harás pagos anuales y cuánto almacenamiento necesitarás. Esto depende del peso del sitio y lo que quieras poner en él.

Otro de los pasos es que escojas la plataforma, en estas es donde vas a depositar todo lo que acabas de adquirir, nombre y hosting. Te recomiendo WordPress, la cual es la que mejores herramientas tiene en cuanto a posicionamiento y utilidades para preparar el contenido.

En ella puedes elegir temas, que son la cara del blog y los puedes personalizar a tu necesidad.

Viene el paso donde vas a instalar WordPress, esto lo haces entrando al sitio que te dio tu proveedor de hosting, con el usuario y la clave, en este ambiente lo puedes descargar.

WordPress actualiza su sitio con frecuencia, seguramente en tu tablero conseguirás el botón que te invita a actualizar la página cada tanto. Lo mejor de todo es que WordPress es gratuito, excepto por algunas plantillas que son pagas, pero si quieres, puedes usar las gratuitas que igual brindan una gran cantidad de opciones.

Cuando tienes instalado WordPress vas a Elegir tema y escoges uno, puede ser uno gratis o uno pago, esto lo decides tú.

Una vez que lo instalas viene la parte de instalar los plugins, estas son pequeñas aplicaciones que te brindan funcionalidades adicionales y que te servirán para una tarea. Por ejemplo está el plugins para posicionar un texto y dejarlo en verde, con un SEO aceptable para ubicarse en Google.

Hay plugins para ver el índice de contenido al inicio del post, los hay para dejar pestañas simpáticas que dicen que se comparta una frase en Twitter. Plugins hay para todas las necesidades, es cuestión de que revises y utilices los que se adapten a la estrategia que vas a utilizar.

Ahora viene colocar el contenido, aquí viene la parte de comenzar a poner información valiosa acerca de ese sitio web, sobre lo que vas a mostrar. Si forma parte de tus productos derivados de tus canales de redes sociales, necesitas poner el home, que es donde aterrizan las visitas cuando llegan y las pestañas donde se hable de quién eres, los servicios, el contacto y si necesitas una tienda, pues el botón que lleve a la tienda.

Todo este contenido debe contener palabras clave, si por casualidad no sabes cómo posicionarlo o buscar las palabras claves, puedes contratar a un copywriting quienes tienen experiencia, verán el sitio, harán la investigación del nicho y generarán el contenido acorde a tus pautas y las palabras clave que van con tus objetivos.

Creo que sobra decirte que el contenido de tu sitio debe ser original, ni siquiera copia del que manejas en redes sociales o en algún otro sitio online. Claro, los videos e imágenes sí las puedes utilizar, así como las fichas de los productos o los servicios.

De esta manera, sencilla, tienes tu sitio web, el cual, tienes que estar alimentando con frecuencia, colocando contenido en el blog, subiendo alguna información relevante.

Ahora, cuando hablamos de monetizar, estas son las formas en las que puedes hacerlo:

- AdSense, entre más visitas tengas más dinero puedes generar.
- Infolinks, este permite que puedas insertar enlaces publicitarios en algunas palabras clave.
- Vender tus productos.
- Cursos o seminarios acordes a tu marca.
- Eventos.
- Webinars
- Generas contenido de pago.

- Vendes ebooks.
- Enlazas con podcast.
- Banners de publicidad que se ubican en varios sitios de tu página.
- Patrocinios de sección, algunas de las marcas con las que trabajes o hayas trabajado pueden sentir interés en que hables de sus productos o servicios y queden permanentes en tu blog que visitan X cantidad de veces.
- Post patrocinados, donde hables de determinado servicios, producto o marca y lo direcciones a su canal. Para que sea rentable ya tienes que contar con el poder de convocatoria, así lo atraerás.
- Cuando tengas tráfico y seguidores en el blog, puedes generar contenido freemium, donde las personas pagan un fijo mensual por acceder a contenido único y exclusivo que tienes para ellos. Tal como lo maneja YouTube.
- Que sea una tienda online.

Estas son algunas de las formas en las que puedes monetizar tu blog, hay otras, pero no están relacionadas con tu profesión como influencer.

Productos digitales

Como influencer ya tienes poder de atracción. Por lo tanto puedes aprovecharlo para ganar dinero con productos digitales. Estos pueden ser un curso, un ebook, algo relacionado con tu marca.

Para ganar dinero vendiendo productos digitales tienes dos formas:

- Ser productor.
- Ser afiliado.

El productor es cuando tú generas el producto, por ejemplo, tienes 3 millones de seguidores en Instagram, comunidad que no compraste, es orgánica y lo lograste con un trabajo duro y con estrategias que conociste en esta experiencia que te llevó a ese número. Entonces, aprovechas este conocimiento y preparas un curso de cómo ganar seguidores en Instagram. Esta es una buena forma de monetizar con un curso que tiene el aval de tus propios resultados.

El afiliado es el promotor de los productos, en esta parte lo que haces es promocionar el producto de otro, por ejemplo, conoces al influencer del caso de arriba y en tu canal promueves que ese influencer tiene 3 millones de seguidores, activos y está dando un curso de cómo hacerlo.

¿De qué hablo cuando hablo de productos digitales?

Estos serían algunos de los productos que un influencer podría vender:

- Ebooks.
- Cursos en texto o video que es cómo más se venden ahora.
- Templates.
- Películas.
- Imágenes.
- Fotos.
- Webinars.
- Manuales.
- Servicios de suscripción.

- Concursos.
- Música.
- Revistas.
- Trabajos y contenido.
- Todo lo que se te ocurra que te pueden comprar los seguidores.

Para elegir el precio del producto tienes que tomar en cuenta estas variables: costos de producción, perfil socioeconómico de tus seguidores, perspectivas de ganancia, valor final del producto.

Lanzar un producto al mercado es difícil, tu ventaja es que eres influencer y ya una serie de personas te siguen y admiran, entonces ellos, por ti, por ese trabajo que has logrado, darán el paso y te comprarán.

Podcasting

El formato original de los podcast son audios, donde generas un contenido que tu comunidad escuchará animada. Han salido últimamente podcast en formato de video que los influencer suben a YouTube y lo monetizan como cualquier video del canal.

Hay formas de monetizar, puede ser de manera directa o indirecta. La indirecta es que no monetizas el podcast como tal, sino que por medio de él sigues aumentando los seguidores en tus medios, aumentas la visibilidad e incluso de posicionas como experto en algún área. Los ingresos no llegan por pagos por este podcast sino por otros productos que ofreces como experto en determinado tema.

Un buen ejemplo, es un influencer que sabe mucho de SEO y demuestra en el podcast que es el que más sabe del tema y nadie lo supera. Este hace un podcast gratis, no le pone ni publicidad ni nada parecido, pero gracias a ello puede direccionarse a que lleguen otros influencer que quieran aprender SEO para aumentar sus seguidores al nivel de este.

También puedes crear podcast para otros, es un modo indirecto de ganar. Puedes además de influencer ser podcaster. Hay locutores que manejan distintas tonalidades de voz y puedes ganar dinero trabajando un contenido que cautive a la audiencia de ese que te contrató, y esto puede ser el inicio para que algunas marcas te busquen para hacer podcast para ellos.

Ahora, puedes ganar de manera directa, esto lo logras de diferentes maneras:

Anchor

Anchor.fm cuenta con un sistema de patrocinios, allí puedes escoger marcas que te patrocinen o que metan cuñas en tus podcast. Este solo funciona en Estados Unidos por ahora.

Speaker

Cuenta con un sistema parecido que sí funciona en distintos países. Mete cuñas y paga por ello.

Ivoox

Esta es de las mejorcitas hasta ahora. Tiene dos vías de monetización:

- Por suscripción para fans, que te viene bien a ti, ganas porque las personas que entran pueden pagar desde 1.50

euros hasta cuarenta euros al mes, ya sea porque te escuchen sin publicidad o porque les muestras contenido especial y exclusivo para ellos. Esta es una opción que está apenas en desarrollo y aun no tiene tantos adeptos.

- Ivoox originals: esto es algo muy al estilo Netflix o HBO, ellos están dispuestos a pagar por buenos podcast con un precio mensual. Ellos pagan entre 200 y 400 euros al mes por contenido, claro, para entrar tienes que pasar por el filtro de ellos, donde elijan que en efecto muestras un trabajo de valor y que les dejará ganancias.

Patrocinio

Este es sencillo y seguro lo has usado, es una cuña pequeña al inicio del podcast donde le agradeces al patrocinador el apoyo y hablas un poco de quién es.

Cuña publicitaria

Puedes tener más de un anunciante, negociando con patrocinadores y mostrando información de ellos, así generas contenido para ellos o lo tienes a lo largo de tu podcast.

Acuerdos de contenidos

Así como con cualquier otro medio, puedes negociar el tener una sección patrocinada en el programa, incluso con aportes de contenido o con un entrevistado. Todo depende de lo que acuerdes.

Afiliación

Esta es de las más comunes en los podcast, además de las cuñas, puedes ganar con la afiliación. Si trabajas con Amazon afiliados y mencionas en el podcast un producto, puedes dejar en la descripción el código para que vayan y compren y así ganas más.

Donaciones de oyentes

Otra forma es que los mismos oyentes te generen dinero. Puedes tener tu Patreon y pedir mecenas con un pequeño pago mensual o crear campañas de crowfunding.

Webinars

Esta es otra forma de ganar dinero. Te dejo unos consejos para que tengas un webinar que valga la pena:

La estructura

Tienes que tener varios elementos en cuenta, uno de ellos es su estructura, comencemos por:

- La temática: suena obvio, pero no, he visto muchos webinars fracasar porque eligen mal la temática. Franck Scipion de LifeStyle al cuadrado, recomienda guiarse por la generosidad más que por el principio de escasez, tienes que resolver dudas en la audiencia, para ello debes conocer a tu público y sus principales dudas.
- Maneja un storytelling: esto lo logras generando una especie de historia, así conectas de forma profunda con la audiencia.
- Aporta valor sin esperar nada a cambio: cuando das algo sin esperar a cambio, despierta en el otro una especie de reciprocidad. Las personas se sienten en deuda

contigo y algunos pueden terminar comprando y otros se sentirán muy agradecidos, lo cual para ti es algo gratificante.

- Pasar del contenido al proceso de ventas: esto lo hace alguien que sabe cómo moverse con el público, es llevar al usuario de la mano hasta el pago y que este quiera hacerlo, con un webinar vende lo que quieras si te lo propones.
- Presentar la solución en sí: en esta parte de destacas a vender, ofreces el producto con lujo de detalles.
- Sección de preguntas y respuestas: es donde atiendes las dudas de la audiencia. Todo webinar debe tenerlo.

En cuanto al tiempo debe ser de al menos dos horas, en una presentas y en la segunda vendes. Hay webinar de hasta 5 horas, todo depende de la reacción que tenga la audiencia contigo.

Para que sea estéticamente correcto tienes que manejarte con PowerPoint, para que muestres contenido a lo largo del webinar y vendas lo que tengas para tus seguidores.

Embajador de una marca

El embajador de marca, es la persona que representa una marca de manera positiva para que se aumente el conocimiento de esta y le proporcione a los consumidores una experiencia fate to face, con demostraciones en vivo para impulsar las ventas.

Hay muchas maneras de promocionar una marca, la idea es que se cree experiencia amena, que interese a los consumidores, en este caso son tus seguidores quienes verán como promueves determinado producto.

Puedes:

- Regalar productos gratis en campañas experimentales.
- Montar o desmontar eventos.
- Hablar en tiendas o en conferencias para promocionar la marca, que puedes vender como apariciones en público con tus seguidores.
- Aumentar el conocimiento por medio del uso de camisetas, gorras o similares.
- Publicar contenido de valor en tus canales para aumentar la participación de los usuarios.
- Usar el producto en vivo para que tu gente vea los resultados sorprendentes, por ejemplo, la influencer que se cepilla los dientes con el producto a base de carbón que promete dejar los dientes totalmente blancos y relucientes.

Sobre la ganancia, todo depende de lo que hagas, hay marcas que contratan a influencer para campañas en redes.

En este modelo de negocio no hay riesgos involucrados, puedes intentar hacerlo como una actividad alineada con tu modelo de influencer.

Post patrocinados en redes sociales

Para poder conseguir post patrocinados tienes que enfocarte en un nicho y que este se interese por lo que muestre, es decir, que esa audiencia que tienes como influencer sienta interés por lo que les vas a mostrar, de esta manera, tú ves resultados, el cliente que te contrate ve resultados y se abre la puerta para que más adelante otros te patrocinen.

Sobre los costos hay muchas variables: lo que tengas tú, los montos que manejes, el tamaño de lo que vas a hacer, la cantidad de seguidores, el tiempo que te tome hacerlo, si es contenido redactado, el número de palabras.

Como media se maneja que sea de más o menos 150 euros por post, pero como te digo, es variable, puede ser más, puede ser mucho menos.

Post patrocinados en tu blog

Muy similar al punto anterior, y al punto de ganar dinero con un blog, una forma de generar es creando contenido en tu blog donde hables de determinada marca, aquí puedes ganar por varias vías, cobras al patrocinador para generar contenido que verán tus seguidores, generas un botón de compra de afiliados, en caso de que el producto tenga la posibilidad, por ejemplo, que esté en Amazon, entonces lo adquieren por medio de tu código y así generas ganancias, además de los seguidores que pueden aumentar.

Muchos influencer ganan buen dinero con post patrocinados, no solo en el blog sino en todas sus redes sociales, algunos hacen paquetes completos, aumentando así sus ganancias.

Productos físicos y dónde venderlos

Otra forma de generar ingresos es co-creando o creando productos físicos, colecciones o versiones de productos.

Puedes trabajar con coleccione fashion y productos de belleza que vayan de la mano con tu branding, hasta alimentos fitness, viajes, y productos de salud.

Te pongo el ejemplo de la YouTuber Jaclyn Hills, que tiene la marca de cosméticos Becca donde muestra la producción y la marca Champagne Pop.

Se puede hacer dinero como influencer cocreando contenido y recibes una comisión de las ventas o un piso fijo por la sociedad, algo como el programa de embajadores. Todo depende siempre de lo que acuerden.

Si trabajas con comisiones y el producto viene de maravilla, puedes ganar mucho dinero sin asumir costos iniciales.

Marketing de afiliados

Igual a acuerdo de las comisiones, el marketing de afiliados es cuando el patner asociado percibe un dinero como porcentaje de las ventas. Siempre y cuando la venta se relacione con la publicación del contenido, para ello se genera un código único, tal como sucede con Amazon.

Esta es una manera de asegurar ingresos, a la vez es práctico para que las marcas puedan medir el éxito de trabajo de un influencer.

Esto en resumidas cuentas es un modelo de pago por venta, pago por clic o pago por lead. El influencer puede generar un buen dinero con esto, porque sus seguidores le admiran y seguramente comprarán ya que Ese influencer lo usa y lo recomiendan y confían en él.

Este puede ser uno de los modelos de negocio que puedes tener como influencer para ganar y monetizar el trabajo que haces y lo mejor es que o puedes tener en paralelo con otros.

Fotografía, copywriting y dirección creativa

Otra forma de monetizar es con el talento que ya posees con la fotografía, el copywriting, la dirección creativa, consultorías, estrategias, estilismo o creando contenido.

Los influencer son creativos, saben de negocios, así crearon la marca personal, entonces usan esto para poder ayudar a otras marcas y esto les deja un ingreso. En estos casos eres una especie de freelancer.

Capítulo 5
¿Cuáles son los productos propios que puedo monetizar?

Ahora, vamos a ver cómo es que podemos monetizar nuestra marca con productos propios, además de promover los de otras marcas.

Post patrocinados

Ya lo hemos visto antes, el monetizar el sitio es una buena forma de generar ingresos. Puedes hacer publicaciones específicas en tus canales con los productos propios o de terceros, y que vayan al lugar en cuestión donde lo venden. Una de las maneras más utilizadas de generar ingresos como influencer.

Gestor de redes sociales

Dado que ya eres un creador de contenido de alta calidad, tienes una comunidad fidelizada que aumenta día a día con tu trabajo constante y conoce a la perfección el manejo de las redes sociales, esto te brinda la oportunidad de ser un excelente community manager.

Puedes trabajar en el desarrollo de contenido de alto valor para esas cuentas, acordes a su público, puedes trabajar con colegas para que ellos atraigan seguidores tal como lo hiciste tú. Todo esto se puede monetizar. Conozco muchos influencer que además de trabajar duro en sus cuentas, dedican unos días de la semana a generar contenido para las cuentas de otros colegas y estos les pagan un dinero por ello.

No solo otros influencer pueden entrar en tus opciones de dinero, sino que también puedes ganar como community manager de empresas, lo que te atraerá un buen dinero.

Marketing de afiliados

Ya hemos hablado en anteriores capítulos sobre la importancia de utilizar el marketing de afiliados, lo puedes emplear para tu canal como para el de otros. el marketing de afiliados sirve para productos que tenga el influencer y para los que promueva con otras marcas con las que trabajes.

Se gana dinero en función de la cantidad de ventas o seguimiento de los objetivos que se puedan generar. Esta se basa en el logro de resultados, el influencer gana dinero acorde a las ventas que logre generar.

Publicidad

La publicidad es la vía que escogen muchos influencers para ganar dinero, consiste en que publicites un producto propio o de terceros con un importe acordado. Los formatos que más se manejan son los banners, algunos generan contenido o gestionan ellos mismos espacios publicitarios y otros, lo hacen por medio de Google Ads.

Asesor o coaching

Si eres influencer, si has atraído a una gran cantidad de personas a tu canal, seguramente has adquirido conocimientos que los puedes preparar para generar dinero.

Una mujer, especializada en el mundo del network marketing, tiene un canal con el que genera contenido para hablar de las estrategias de venta. Ella, más que una influencer de redes sociales, pertenece a una estructura piramidal que vende productos de una marca en específico.

Ella, es una microinfluencer, tiene menos de diez mil seguidores. Pero, el canal lo usa como una gran influencer, porque en este genera contenido de valor para explicar estrategias, hace poco habló de las estrategias para prospectar por Facebook, fue un contenido de unos diez minutos en YouTube, aquí aprovechó para rifar dos cupos para su curso de Trabajar efectivamente en Facebook con el Network Marketing, un curso online que ella diseñó basada en sus resultados.

Aquí podemos apreciar varias de las secciones que he tocado:

- Un producto hecho basado en su experiencia, los que le siguen, que saben que ella es una líder en su ramo y que está en ascenso y tiene actitud y se educa constantemente, invierten en el curso porque es enseñanza segura.

- A la vez, genera más seguidores, porque los seguidores quieren ganarse el cupo, quieren saber un poco de qué va, absorben conocimiento de ella. Reciben asesorías y es una inspiración. Una influencer total.
- Genera curiosidad, porque quienes no ganen el cupo seguramente la contactan por privado, le dicen que quieren ingresar al curso, y sobre los costos.

Además de todo esto, es una coach, porque impulsa, la gente le sigue porque quieren saber un poco más para llevar sus campañas.

Así como ella, muchos influencer pueden ser coach o asesores de su ramo, dependiendo del tipo de influencer que seas y de lo que hayas aprendido este tiempo, puedes diseñar programas de asesorías o coaching para los seguidores y lo puedes comenzar a promocionar a través de los canales.

No es extraño ver influencers que al ver que su red social cambia el algoritmo y ellos adaptarse a este, crean un curso o una asesoría rápida para enseñar cómo trabajar el nuevo algoritmo y no perder seguidores o views.

A eso me refiero con ser un coach o un asesor, ve lo que tienes alrededor y busca la manera de sacarla provecho, no solo para que lo monetices, sino para que le des valor a quienes te siguen, que es la idea de este proceso.

Muchos, se crean una marca personal y se posicionan como especialistas, de esta manera le dan a sus usuarios un servicio de asesorías y coach profesional.

Cursos online o presenciales

Más o menos enlazado con el punto anterior donde te mostré a la influencer de network marketing, ella vendía el curso y era coach, porque su canal de YouTube está lleno de cómo hacer seguimiento, cómo vender, cómo organizar seminarios y todo el trabajo inmenso que lleva ser alguien multinivel.

Los cursos son una herramienta excelente para atraer a los seguidores, primero porque el curso irá de acuerdo al tipo de trabajo que realizas.

Te voy a poner este ejemplo, de repente un día Alejandro Jodorowsky amanece con el deseo de brindar un curso online donde enseñe cómo escribir guiones de películas, para sumar más sazón, dice:

"Cupos limitados para un curso de guiones de cine. Así se escriben películas de culto".

Todo amante del cine querrá hacer el curso, primero porque entre las muchas cosas que ha hecho Jodo, está su cine, bastante extraño, sí, pero de culto, porque es una oda a toda su obra de vida.

Otro ejemplo, aparece Stephen King en sus redes y dice que va a dar un curso para escribir novelas de terror, cupos limitados.

Claro, me voy a ejemplos exagerados, pero quiero es dejarte claro el concepto, enseña lo que tu audiencia va a comprar. No vas a ser un influencer de humor o de temas fashion y maquillaje y vas a enseñar como echar puntos de soldadura en metal. Nadie lo comprará y además perderás autoridad.

La formación es una buena forma de generar dinero. Muchos seguidores querrán entrar a ese curso que su ídolo, esa persona que ven a diario va a dictar. Puedes hacer cursos online e incluso presenciales, estos pueden ser de interés y verás que las inscripciones serán rápidas.

Si haces un curso y lo subes a una plataforma donde lo compren, activas un ingreso pasivo que solo tendrás que mover cada tanto, nada más.

Escribir un ebook acorde a la marca

Muchos influencer escriben libros que los compran porque son el libro de Fulano de tal. Para ir a ejemplos rápidos que me vienen a la mente "Yo soy Germán", quien posicionó un canal con monólogos semanales que atrajeron muchas seguidoras y seguidores y luego estuvo de gira por varios países promocionando un libro.

Otro ejemplo es el YouTuber Dross, quien ha escrito varios libros, uno de ellos es Luna de Plutón que está en distintas librerías del mundo y permanece en las mesas de los más vendidos, mal no le debe ir.

Ellos, aprovechan su fama para vender libros, relacionados con su marca. Por eso es que tienes que observar cómo poder preparar un texto que tú sepas que puede comprar la serie de seguidores que tienes.

Otro ejemplo de lo que hablo es del perro del cual hablamos páginas atrás, este tiene hasta un libro, el animal no sabe escribir, pero quien le lleva la cuenta sí y sabe también que sus seguidores compran el libro.

Un canal de YouTube llamado Las ratitas, muestra a un par de niñas muy simpáticas que hacen de todo, allí prueban productos, juguetes nuevos, patrocinados por la marca, viajan, hacen fiesta y su padre, junto con ellas, parecen disfrutar de una fiesta eterna, donde las pequeñas tienen una infancia increíble, claro, se monetiza con millones de vistas y las pequeñas que a duras penas deben garabatear su nombre, ya escribieron un libro, este se encuentra en las múltiples plataformas de libros y se vende bien.

Entonces, una forma de monetizar la influencia es publicando libros en papel o en ebooks. Si eres un influencer de recetas que siempre muestra cómo preparar platos deliciosos, entonces escribo "El libro de cocina de Paco" por ejemplo, contigo en la portada, sonriendo y con el gorro listo. Será un éxito total. Sobre cómo publicarlo, no es que tengas que ir a una editorial a venderlo, a veces los sellos son un poco cortos de vista y se fijan en las estrellas cuando estas han crecido y les va bien. Entonces, para evitar ese intermediario, puedes publicar el libro tú mismo, si no sabes cómo, contrata unos servicios editoriales que te entreguen el libro en digital listo para publicar, tú lo subes a los canales como Amazon KDP y vas a una imprenta y sacas unos 300 o 500 ejemplares, te acercas a algunas cadenas de librerías, hablas con Administración y pides colocarlos a consignación.

Seguro no será difícil, si pueden hacerlo escritores emergentes que no les conoce casi nadie, tú, que eres un influencer lograrás tener un espacio en librerías. Incluso, no es de extrañar que termines haciendo algunos trabajitos para una cadena de librerías en tu canal. He visto casos.

Tener una tienda online

Cuando hablamos del blog te mostré el tema de la tienda online. Si manejas diversos productos propios y de terceros, puedes crear tu propia tienda online donde lleves todos los seguidores a que te sigan. Puedes vender promocionando por medio de tus canales, colocando la dirección al producto en cuestión.

Son muchos los influencers que venden directo su productos en sus tiendas, he visto algunos que son chef y venden elementos en tiendas online propias. La cuchara de Fulano, la paleta para decorar de Sutano. Incluso, puedes comenzar a trabajar tu propia marca. Hay varios que sacan un canal donde promueven productos de belleza con la etiqueta de la marca. Chaquetas con la firma del influencer, camisas con el logo. Un ejemplo es Luisito comunica, el influencer mexicano, quien tiene una línea de camisetas con temas similares a su marca, que además no es una camiseta común, sino que tiene algunos detallitos que la hace más atractiva.

Además, quienes la compran dicen "tengo la camiseta de Luisito Comunica, estoy en la onda", a eso debemos apuntar cuando somos influencer, llegar a nuestros seguidores y ofrecerles productos que sabemos que nos quitarán de las manos y esto se lo podemos vender a través de nuestras tiendas online.

Depende de los acuerdo que tengas con tus clientes, puedes colgar en la tienda online sus productos y venderlos directamente, incluso puedes trabajar el dropshipping, que es que tú lo tienes a un precio y el proveedor a otro, entonces cuando alguien te lo compra, tú se lo compras a la tienda y ellos se encargan de enviarlo. Así, tienes una ganancia inmediata.

Eventos con influencer

Cuando eres un influencer tienes muchas opciones. Actualmente al influencer lo ven como una especie de figura famosa y los seguidores se conforman con verlo a través de las redes, que les dé "me gusta" a algún comentario y la gran alegría cuando les responda un privado. Entonces, las apariciones en público, dependiendo del tamaño de influencer que seas, desata una especie de revuelo porque podrán verte en carne y hueso.

Por eso, puedes aprovechar esto para monetizar, una de las opciones es que muestras productos de alguna empresa que te contrate. Por ejemplo en un evento, puedes ir a presentar, una nueva línea, o ser animador de una actividad que ellos vayan a hacer. Tu presencia atraerá a muchas personas y aumentará el interés del evento.

No solo puedes hacerlo para otras personas o empresas, tú, que como te aconsejé al inicio, no debes casarte con la red social y espera que esta te dé todo el ingreso, tienes que buscar otras vías para que puedas sobrevivir en caso de que la red cierre o pierdas los seguidores. Entonces, puedes organizar eventos presenciales. Si eres humorista, prepara un material y sube a tarimas, hacer stand up y seguro atraerás mucho público.

Por ejemplo, en Miami, hay muchos humoristas que tienen canales en las redes sociales, especialmente Instagram, y los viernes se ponen a hacer stand up, hacen eventos en varias ciudades, tienen shows e incluso van a otros países.

Un ejemplo de Instagram es Marko Música, humorista venezolano que comenzó desde abajo, creó contenido que impactó a su audiencia y poco a poco fue subiendo los seguidores. Feliz cuando llegó a los primeros cien mil, generó más contenido y con mucho valor, llegó a medio millón, siguió trabajando y festejó el primer millón, luego, el otro millón no costó mucho en llegar y así, hasta que ahora tiene más de seis millones de seguidores.

Claro, esa cantidad de seguidores los puede perder de un plumazo si le cierran la cuenta o cierra Instagram. Pero él no se quedó solo en generar contenido en la plataforma, preparó shows y al principio comenzó viajando por todo Estados Unidos, luego, cuando su situación legal se normalizó viajó a otros países, ha ido a varias ciudades de España, varios países de Latinoamérica y en varias ciudades ha repetido la visita y hasta ha hecho varias funciones porque las entradas se agotan.

Él no es alguien que pagó a otro para llegar allí, no. Es una persona que comenzó desde abajo y fue escalando poco a poco.

Este ha sabido explotar los eventos presenciales, a la vez que su impacto ha logrado que haya hecho presentaciones en Telemundo, que haya estado en los Grammy animando y más: que tenga su propio Grammy por una telenovela que hizo en las Stories de Instagram, que en realidad era una crítica a las telenovelas al mejor estilo México.

Este influencer comenzó desde muy abajo, una persona que no sabía cómo subir a la ciudad, desde el pueblo dormitorio donde vivía, que llegó a Estados Unidos persiguiendo el sueño americano y dio con ese sueño pero en el mundo de los influencer.

Aunque esto que te cito, puede sonarte exagerado no lo es, porque como ese hombre, tú puedes ser ese influencer en crecimiento que logre llegar a la cima, y lo consigue con trabajo duro, durmiendo pocas horas, saliendo de un show y corriendo a un avión para llegar al otro en una ciudad al otro lado del país. Inyectándose semanalmente un complejo B para aguantar el ritmo. Así se hace un influencer y así se crece.

Así que no desestimes los eventos presenciales y aprende a explotarlos, te prometo que tendrás excelentes resultados.

Google Adsense YouTube

Si eres un YouTuber, y aprovechas este canal que es el más famoso del mundo, tienes la oportunidad de monetizar el contenido y trabajar para conseguir visitas. Eso lo logras, como te nombré en su momento con Google Adsense. La herramienta de Google que genera mucho dinero para sus influencer.

Plataformas de influencer marketing

Las plataformas de influencer marketing te brindan la oportunidad de monetizar, el funcionamiento de estas la verdad es fácil:

- Solo tienes que inscribirte y colocar todo sobre la fichar de influencer.
- De acuerdo al perfil, la herramienta te lleva a participar en diversas acciones como postear un contenido propio, creando post con un hashtag, link o cualquier otro tipo de contenido.
- Cuando lo has publicado, aparecerá el saldo que lograste y todo el que tienes acumulado.

Acciones con agencias de influencers

En las agencias de influencer también consigues muchas oportunidades. La finalidad de ellas es conectar a los consumidores con sus marcas por medio de los influencers. Te muestro un ejemplo: The Troop, ella es la primera agencia de influencers de alimentación.

Si la contactas, hablas de quién eres, le mandas tu información y así te tendrán en cuenta para alguna relación en el futuro.

Estas agencias te ponen en contacto con marcas, con otros proveedores y así se puede generar una relación con aquellos que vayan acorde a lo que tú eres.

Ellas por lo general abarcan todo tipo de marketing que incluya la labor de influencer, y tienen a estos acorde a la necesidad, por ejemplo pueden ser:

- Marketing de influencia.
- Twitter treding topic.
- Marketing político.
- Marketing digital.
- Relaciones públicas.
- Community manager.
- Marketing de guerrilla.
- Producción de contenido.
- Etc.

No está de más tener contacto con una agencia, nunca sabrás cuándo podrás necesitarla.

Capítulo 6
Errores que como influencer debes evitar cometer

En ocasiones se cometen errores como influencer. Todos los cometen, especialmente cuando se es novato, pero hay unos que realmente son fatales y tienes que evitar a toda costa cometer.

Aunque leer esto no te privará que tengas un día malo donde falles, sí que te evitará más de un dolor de cabeza.

No tener una marca definida

Esta es la esencia de cualquier influencer. Si no tienes una marca definida, estás mal y esos seguidores que puedes tener ahora, los vas a ir perdiendo porque ellos no sentirán ningún tipo de identificación contigo.

Cuando tienes una marca te diferencias de la competencia y te dará una línea por la cual enfocarte para que puedas generar contenido para esa audiencia ya definida.

Si no sabes cómo construir la marca, te lo comparto rápidamente:

Comienza por definir qué es eso que te diferencia de los demás, identifica los objetivos y por último crea un plan de acción.

Debes empezar investigando por horas o días lo que te define como alguien único. No esperes que vas a comprar la marca para usarla.

Pregúntate:

¿Quién soy en realidad?

¿Qué le ofrezco a mi audiencia?

¿Cuál es el impacto de este nombre con mi audiencia?

Cuando te definas, podrás tener una idea más clara y sabrás el paso de ir a mostrarte.

Sé que a lo mejor tienes ahora mismo una serie de seguidores, a lo mejor estás estancado y no subes más, eso puede ser porque tu marca no se ha terminado de definir bien, por eso, el siguiente paso es trabajar para que te reconozcan solo con oír tu nombre.

Cuando lo logras, entonces viene el paso donde revisas los objetivos específicos y metas, para ello tienes que hacerte otras preguntas, de nuevo.

¿Quién te conoce mejor que tú mismo?

No cometas el error de comenzar con los objetivos y metas de otras personas que quieren hacer su marca personal, debes tener los propios. Cada persona quiere objetivos diferentes.

¿A dónde quiero llegar con mi marca personal? Respóndelo con claridad, no diciendo, quiero ser un gran influencer, dilo con certeza, quiero tener un millón de seguidores o la meta que te pongas.

Luego de todo esto, vienen los últimos detalles, es donde trabajarás las estrategias que vas a emplear. Con ellas es que le das solidez a la marca personal. Así tú veas que una persona hace humor en un canal de YouTube o de Instagram y parece que solo se divierte, detrás, en pre producción hay un arduo trabajo. Para crecer como influencer y para tener una imagen definida, tienes que tener controlada cada palabra sonido, volumen, melodía, pausa, colores y hasta motivos. Nada es por azar en los influencers exitosos.

No tener una marca definida, te lleva a ser copia de otros canales, a que los grandes usuarios que consumen mucho contenido online, digan "ah, pero vi algo parecido en tal". Tener una marca personal te abre la puerta a crecer y definir estrategias que sin una personalidad no podrías.

No tomárselo en serio

Este es un error muy común de algunos influencer, especialmente los que comienzan a ganar seguidores y van creciendo. Creen que esto es solo diversión y entretenimiento. Solo confunden la sensación que tienen los que siguen el sitio con quienes están detrás de la pantalla.

Un influencer hace un trabajo en serio, así se muestre sentado cómodo en una hamaca frente a la playa. Transmite un mensaje, tiene un guion, escriben, interactúan y es un trabajo que exige la misma entrega que cualquier que tenga emprendimiento, hay muchas cosas por hacer, trabajar seguidores, revisar métricas, ver interacciones, ver comentarios, conseguir nuevos temas de acuerdo a alguna necesidad.

Si estás esperando que el estrellado pegue en tu cara con un golpe de suerte, espera sentado, sí, a lo mejor lo logres con un video o así comience tu camino, pero si sigues trabajando ya tienes el listón alto, tienes que entregarte duro para mantener el nivel. No tomes mal este consejo, sino como algo bueno, tienes que trabajar muy duro si quieres mantenerte a flote como influencer.

Actuar como influencer antes de serlo

Puede suceder que algunos influencers que comienzan a generar unos pocos seguidores y sus contenidos van siendo reposteados, de repente se sienten una diva. Aquí, cometen un error grave, bueno, una serie de errores graves, uno de ellos es no interactuar con la audiencia, no lo hace porque ahora son influencers famosos y no tienen tiempo para dar like al comentario simpático de ese seguidor o atender algún comentario.

Permíteme decir que si estás comenzando tienes que forjar lo que serás en el mañana, tengas 5 mil seguidores o 6 millones, debes ser una persona humilde, cuando hablo de humildad no es a nivel económico, sino de calidad humana, así seas el influencer más famoso del mundo, tienes que tener sencillez de trato, conectar con los seguidores. Siempre estar abierto y mostrar amabilidad. No hay nada más desencantador que un famoso arrogante que le fastidie que le saluden. Esto es parte de la fama, si no estás dispuesto a tolerarlo, mantente anónimo y busca hacer dinero de otra forma.

Otro de los errores comunes es querer comenzar a hacer alianzas con las marcas cuando apenas estás comenzando, tienes que tener un buen engagement antes de tocar puertas para monetizar. Al principio tienes que dar mucho contenido de valor. Atraer a los clientes en el momento correcto, generará que ellos tengan resultados contigo, dando pie a una larga relación, si por casualidad no pueden o quieren seguir, si la relación dio resultados, entonces te recomiendan con otra marca.

Cuando un influencer actúa bien y da resultados consigue otros, cuando queda mal, los demás lo saben y luego, conseguir una marca que te apoye será más difícil, no importante el engagement que ya hayas ganado. Entonces, lo primero que tienes que hacer es trabajar en la plataforma, ya luego, comienzas a buscar cómo monetizarla.

Tener contenido de mala calidad

Esto es fatal. Ponte tú mismo de ejemplo, entras a una red social, comienzas a hacer scroll o a recorrer todo el sitio, ves una publicación de tu influencer favorito y cuando vas, es un tema aburrido.

Algo así le sucedió a Enchufe TV es un canal de entretenimiento de YouTube que por algunos años ha tenido éxito con contenidos que se han viralizado, incluso, en el canal por cable Comedy Central tienen una sección donde colocan sus mejores contenidos. Pero, en los últimos años, esto es una opinión general, han perdido calidad, ahora su contenido maneja un humor que no era como el que tuvieron antes, las actuaciones han perdido un poco de calidad, cuando antes tenían actores mejor preparados.

Todo esto, ha llevado a que pierdan seguidores y sus view de millones antes, ahora son, aún respetables, pero no como lo fue alguna vez.

Tu canal siempre tiene que desarrollar contenido que mantenga la vigencia, tienes que ver las métricas y analizar lo que resulta y lo que no, eso sí, eso que resulta no es que lo van a exprimir hasta que ya la gente se aburra, no, tienes que retirarlo justo cuando esté en el mejor momento. ¿Por qué? Así la gente siempre lo añorará y cuando cada tanto lo muestres, todos alabarán el contenido porque es algo que resultó y extrañan.

Para poder mantenerte en las redes sociales, necesitas estar al día con las tendencias, así vas a poder participar en las conversaciones sin problemas a dar opiniones erradas a lo que se dice ahora mismo.

Las imágenes o los videos que compartas, tienen que tener calidad, buena iluminación, ser nítidos, ofrecer información interesante para la audiencia. Así vayas a decir lo mismo que haya dicho un montón antes que tú, si lo dices poniéndole el sello de la marca personal y lo presentas como algo innovador, vas por el camino que corresponde.

Debes tener creatividad con el contenido, así crecerás como influencer.

Cuando te hablo de mantener la vigencia con las tendencias, hablo de que puedes usar algo repetido, como esos memes del momento, los videos que son tendencia pero se caducan en pocos días, por ejemplo, cuando el Papa le dio un golpe en la mano a una mujer, esto lo parodiaron de muchas maneras. Si tu canal es de humor y calza con este tipo de contenido, puedes hacer un contenido relacionado con tu marca, donde muestre lo mismo, pero a tu estilo.

Así como tienes que producir contenido para que lo consuman las masas, debes ser consumidor de contenido, tener colegas que estén en tamaños superiores a ti para que te sirvan de inspiración, no de copia, y así, crezcas cada día.

No cometas el error de hacer contenido aburrido, porque los seguidores se te escaparán de las manos y te prometo que será casi imposible recuperarlos.

Una vez que un seguidor te pone la etiqueta de malo o mediocre, difícilmente la recuperas, es como cuando ves a un mal actor, sabes que será mal actor toda la vida, así este tenga una película donde actúe bien y hasta gane un Oscar.

Forma parte del grupo de los que hacen contenido de valor.

Creer que todo se trata de ti

Muchos influencers tienen un error fatal que es el creerse superiores y pensar que por recibir tantos likes, comentarios, información, y esa receptividad de las personas, entonces esperan que todo se trate de ellos.

Sí, son influencer, sí, se trata de ti y bueno, es natural que los seres humanos tengamos ese ego y se nos infle un poco cuando estamos haciendo esto ¿A quién no le gusta que le digan cosas buenas? Pero, una cosa es que nos sintamos así y otra que pensemos que solo se trata de nosotros. No es así, y muchos de los influencers, luego que se estrellan y notan el error tan grande, corrigen.

Los influencer que están en formación, que comienzan a ganar seguidores, suelen caer en el mal de ser egoístas.

Te doy este consejo, tienes que conseguir un equilibrio donde crees un contenido que te agrade a ti, te tiene que gustar, por lo menos la mayoría, porque si no, en algún momento dejarás de hacerlo porque tomarás todo como obligación. Pero además de gustarte a ti, tienes que tener uno que complazca a tu audiencia, a los patrocinantes, a las personas a la que apuntas, es decir al nicho para que aumentes los seguidores.

Si el contenido que produces te gusta a ti y a la audiencia, estás hecho. Aunque tengas tu ego porque te gusta todo lo que te dicen las personas, aterriza, analiza y haz un trabajo para que lo consuman todos pero especialmente las personas a las que apuntas, porque son ellos los que al final del día importan en todo esto.

Puedes crear contenido que consideres maravilloso, que mires muchas veces, pero si nadie lo quiere ver no sirve de nada, solo será un contenido para inflarte a ti mismo.

Mal uso de los hashtags

He visto a muchos influencers que usan mal los hashtags. Usar esta herramienta es una fantástica forma de aumentar el alcance social y ganar visibilidad. Son una excelente forma para que las personas con ideas afines, puedan descubrir el contenido y así encontrarse o enlazar contenido similar si estás trabajando temas similares en cadena y verlos en conjunto sea algo de interés para algunos.

En Instagram, por ejemplo, puedes usar hasta 30 hashtags en cada publicación, esto es un bloque de letras azules allí, resaltando, que nadie lee, que se ve feo ¿Tú lees hashtags por hashtags? No lo creo. Entonces, no lo uses para las publicaciones.

Los expertos recomiendan que se eviten más de 10 hashtags para una sola publicación. Si bien, son una excelente forma de expresar la creatividad y hacer que las publicaciones sean interesantes, recuerda usar solo las más relevantes, porque si no, esto podría alejar a muchos seguidores.

Sigue estos consejos para cuando uses los hashtags:

- Te debes centrar en el objetivo antes de definir los hashtags.

- Dedica un rato a investigar qué hashtags usa la competencia, los seguidores y los influencers del sector.
- Utiliza palabras clave.
- Haz uso de los buscadores de hashtags para que identifiques los más afines a tu público.
- Haz uso de hashtags populares, pero solo si tienen relación con el contenido que manejas, no porque todos lo pegan porque atraerás a las personas que no van contigo.
- Procura usar hashtags menos genéricos y usa unos más específicos.
- No olvides que no debes incluir espacios ni caracteres especiales, los números sí los puedes usar.
- Puedes usar mayúsculas al inicio de cada palabra par que el hashtags se entienda bien.
- Evita usar tildes, lo sé, es un suicidio a la ortografía pero la realidad es que evites este tipo de hashtags porque no posicionan tan bien como los que no lo tienen.
- No uses hashtags con emojis porque no posicionan.
- Que sea uno corto y fácil de recordar, evita palabras rebuscadas.
- Varía, no te limites a usar siempre los mismos hashtags porque así pierdes la oportunidad de que te encuentren a través de otras etiquetas.
- Ten presente que las publicaciones tienen que ser públicas para que los usuarios la consigan sin problema.
- Usa hashtags también en las historias de Instagram para que tengan más alcance.
- Recuerda que no es necesario destacar los hashtags para que funcionen. Los puedes ubicar al final del mensaje o donde prefieras.

- Haz concursos de contenido generado por el usuario por medio de un hashtags específico.
- Publica en las horas de mayor actividad.

Depender de los bots, gran error de algunos influencer

En muchas ocasiones, los incansables esfuerzos que ponen los influencers para hacer crecer la audiencia no se cumplen como lo esperan y esto les hace tomar medidas que considero desesperadas, porque no son la mejor decisión.

Lo hacen a lo mejor porque no están viendo el tipo de crecimiento que se prometieron a sí mismos o peor aún, que le prometieron a sus patrocinantes y a aquellos que apuestan por ellos.

Si este es tu caso, no vayas desesperado a tomar caminos que engañen al sistema, confiando en los bots para que la audiencia crezca. Esto es grave y mortal para tu marca.

Comprar seguidores es muy fácil, pagas y ya, pero esto es un compromiso falso, los números esponjados no son más que una métrica llena de tu ego y vanidad. Si de verdad quieres tener éxito como influenciador, concéntrate en curar las interacciones genuinas de personas que realmente quieren el contenido y no en personas falsas.

Es por eso que este es uno de los errores de ser influencer, pero este, se encuentra entre los peores. Por más trabajoso que te parezca, el crecimiento orgánico es la única forma en la que puedes obtener estas ofertas de marca.

No adherirse a las pautas de FTC

Cuando vas creciendo como influencer y ya te llegan clientes con productos que patrocines. Seguramente vas a trabajar contenido relacionado con la marca, mostrarás un trabajo de primera y con sus etiquetas patrocinadas.

Pero no puedes ir después a mostrar el producto o servicio sin que le pongas en las redes sociales la marca de que es una publicación patrocinada o pagada por la marca. Todo esto es a efectos de transparencia, es un paso ético y obligatorio que los influencers declaren sus endosos.

Hacerlo es sumamente sencillo, por ejemplo, en Instagram, solo con ponerle un hashtag como #Ad o #Sponsored a su leyenda.

Debes divulgar cuando tengas cualquier tipo de relación financiera, laboral, personal o familiar con una marca.

Las relaciones financieras no se limitan solo a dinero, debes divulgar la relación que tienes con la marca y si obtuviste una retribución de valor por mencionar un producto.

Si una marca te ofrece productos gratuitos o con descuentos y otras ventajas y luego menciona uno de los productos, haga una divulgación, incluso si no se le pidió que mencionara ese producto.

No asumas que tus seguidores conocen ya la relación con las marcas. Debes hacer divulgaciones incluso si crees que las evaluaciones de los productos son imparciales.

Ten en cuenta que etiquetas, dar me gusta, hacer pines, y otras formas similares de demostrar que te gusta una marca, son endosos.

Si haces publicaciones desde el extranjero, la ley de Estados Unidos tiene validez, en el caso de si es razonablemente previsible que la publicación afecte a los consumidores de los Estados Unidos y también podría tener validez las leyes extranjeras.

Si no tienes una relación establecida con una marca y solo le está contando a la gente sobre un producto que compró y te gusta, no necesitas declarar que no tienes una relación de marca.

Subir contenido irrelevante

A lo mejor esto te parece lógico, el subir contenido relevante debe aplicar a todos, pero sucede con muchos influencers que no suben contenido que valga la pena ver. Hacer esto es un error que muchos influencer cometen, no seas tú uno de ellos.

Tienes que enfocar el contenido en tema que la audiencia espera ver de ti y es por eso que tienes que conocer a esa audiencia. Seguro no quieres que ellos se confundan y se pregunten por qué están viendo una publicación tuya. No solo las imágenes tienen que ser relevantes para el nicho, sino que la leyendas, los hashtags, lo que hables, lo que grabes si es un video, todo, tiene que ser relevante, no puede haber desperdicio en las palabras.

Cuando publiques contenido fuera de lugar, o cambias el estilo o tono de una forma inesperada, esto arriesga a que las personas sientan el contraste y se pueden distanciar y al final perder. ¿Recuerdas el canal de EnchufeTV que te nombré páginas atrás? Ellos cambiaron el tono de una forma brusca y perdieron muchos seguidores, entre aquellos que se conocen y conversan del canal hablan de cómo el canal perdió interés. Cambió el modo en el que hacen humor, es como si hubieran decidido cambiar de nicho, esto les hizo reducir la cantidad de vistas en sus videos y seguro se marca en la monetización, si se compara con los videos de 2018 con los de 2020, hay una gran diferencia de vistas.

Compartir contenido en momentos inoportunos

Otro de los errores comunes de los influencers de redes sociales es que comparten el contenido de manera inoportuna. La consistencia es la clave para mantenerse relevante, programar un cronograma apropiado para el momento en el que vas a publicar cada contenido.

Planifica con antelación y sé lo más regular posible, no te interrumpas repentinamente y espera que los seguidores sigan presentes cuando regreses. No caiga en este error, porque publicar a mala hora es muy malo para tu imagen de influencer.

Cuáles son las mejores horas para publicar:

Facebook

Los usuarios inician sesión en Facebook desde celulares y ordenadores de mesa tanto en casa como en el trabajo.

El mejor momento para publicar en Facebook son los miércoles a las tres de la tarde, también se puede hacer los sábados y domingos de 12 a 1 de la tarde y los jueves y viernes de 1 a 4 de la tarde.

Las tasas de participación son más altas los jueves y viernes con un 18% y el mayor porcentaje de clics es entre semana de 1 a 4 de la tarde.

Los peores momentos para publicar en Facebook es los fines de semana antes de las 8 de la mañana y después de las 8 de la noche.

Twitter

Igual como sucede con Facebook, la gente que entra a Twitter lo hace desde móviles y ordenadores y lo hacen en casa y en el trabajo pero también se usa en momentos muertos como en los desplazamientos en el bus.

El mejor momento para publicar es de lunes a viernes de 12 del día a las 2 de la tarde y a las 5 de la tarde para las empresas B2B, el día con más clics es el miércoles.

Sin embargo para las organizaciones B2C los mejores días para publicar son los miércoles y los fines de semana que es cuando el porcentaje de clics es más alto.

LinkedIn

LinkedIn tiene uso profesional y se puede usar entre semana durante las horas laborales y justo antes de que la jornada comienza y justo después de que termine.

El mejor momento para publicar en esta red social es entre semana de 5 a seis de la tarde, aunque los martes, miércoles y jueves de 7 y media a 8 y media de la mañana y a las doce del día también son buenas franjas.

El mayor número de clics y acciones se registra el martes de 10 a 11 de la mañana.

Pinterest

Esta red social tiene un público que es mayormente femenino y está más activo por la noche, es por eso que la mejor hora para publicar es de las 8 de la noche a las 11 de la noche cualquier día de la semana.

Otras horas buenas para publicar con buenos resultados es de dos de la tarde a las cuatro de la tarde y los viernes a las tres de la tarde.

Instagram

Instagram se usa a cualquier hora desde los móviles, aunque también hay más actividad fuera de las horas de trabajo. El mejor momento para publicar son los lunes y los jueves a cualquier hora menos entre las tres de la tarde y las cuatro de la tarde. Las publicaciones de video tienden a tener buen funcionamiento a las 8 de la mañana o a las 9 de la noche.

Claro, siempre puedes ir probando a ver cuál es la mejor hora para publicar viendo la manera en la que interactúa tu audiencia cuando subes contenido

Responder comentarios lentamente o no hacerlo

El compromiso que tienes como influencer es la salsa secreta detrás de la retención de la audiencia. No solo eso, Google tiende a clasificar las publicaciones con mayor engagement antes que otras. Lo cual es una razón para que te involucres con las personas que dejan comentarios en tu publicación.

Si eres un influencer con muchos comentarios, cientos, no tienes que comentarlos todos, pero que dediques un rato a interactuar con una parte de ellos, dejar likes, nombrarlos. Todo esto es suficiente para hacer un buen engagement y además las personas se sentirán importantes porque el influencer les habló.

También es importante que respondas a los comentarios pronto, es decir, apenas comienzas a tener interacciones, dedica un rato a interactuar y mostrarte presente. Incluso si se trata de un simple agradecimiento por un cumplido, una cita. Esas cosas pequeñas son un gran avance para que muestras a los seguidores que te importan ellos.

Si te tomas en serio la idea de hacerte influencer de Instagram, el saber no cometer estos errores es un buen paso para que avances en el camino correcto a llegar a los seguidores y atraer oportunidades de marca.

No conocer a la audiencia

Es un error muy común comenzar a crear contenido en las redes sociales sin enfocarte en un mercado específico. A lo mejor piensas que no tienes un mercado, sino que el material que produces es todo público, tienes que hacer segmentación para que tengas mejores resultados.

Debes tener presente que el éxito de los influencers radica en la audiencia que logran crear, audiencia que se siente identificada con el contenido que compartes.

Cuando fidelizas a los usuarios comienzas a ejercer cierta influencia sobre ellos, partiendo de allí, es que puedes comenzar a llamarte influencer, si la opinión que das no persuade, entonces tienes que seguir trabajando.

Falta de perseverancia

Un usuario común de internet no puede esperar hacerse influencer compartiendo contenido cada que se acuerde o cuando le provoque porque tiene un ratico.

Tienes que diseñar una estrategia de contenido. Los grandes influencers tienen esquemas para el mes o más, desarrollan contenido con horas de publicación, mensajes, el día para el video, el día del producto de marca, la hora para tal publicación. Así, puedes medir el impacto y tener a tu audiencia acostumbrada.

Hay personas que comparten contenido por ejemplo todos los días jueves a una hora determinada, las personas saben que el video de la semana se sube ese día, entonces, lo esperan. Si por un caso fortuito no puedes hacerlo por razones de causa mayor, tienes que escribirle a la audiencia y decirle que no podrás y excusarte.

Por ejemplo Breakman, un canal de YouTube que sube videos los lunes y jueves, publicó un mensaje que por las siguientes dos semanas no subirá videos los lunes porque está en proceso de mudanza y se le ha complicado un poco todo.

La estrategia que manejes tiene que incluir constancia y perseverancia, los influencers que han logrado el éxito es porque han tenido disciplina en su manera de compartir contenido de manera periódica.

La presencia en internet es elemental para que la audiencia se vaya fidelizando poco a poco y que esos números crezcan. Si solo publicas cuando consigues un tiempo libre y no eres disciplinado con los días, la edición de los horarios y el respeto a tus seguidores, seguramente se te hará muy difícil llegar a la meta deseada.

No medir

Dentro de las herramientas más interesantes de la web, nos encontramos con las que ofrecen analíticas. Estos son datos que arrojan claramente los cambios que tienes que hacer para que mejores el desempeño en el perfil.

Cuando analizas las métricas puedes conocer el tipo de contenido que más le agrada a la audiencia y las estrategias a futuro las puedes llevar por ese camino. Con las métricas puedes ver hasta qué minuto las personas miran los videos, entre otras cosas, esto te será muy útil.

Conclusiones

Ser un influencer es el sueño de muchos, seguramente tú estás en ese proceso y ya lograste muchos avances, tus seguidores cada día aumentan, el contenido le gusta a ellos y puede que otro no les guste mucho y lo has suprimido.

Las redes sociales han abierto la posibilidad de hacerse un influencer desde casa o desde el espacio en el que te muevas. Vemos a mujeres del hogar que se convierten en reposteras famosas o a una mujer que trabaja con finanzas de una empresa reconocida del mundo haciendo de influencer en su canal.

Por este motivo, no es de extrañar que muchos quieran hacerse influencer y tener su propia marca personal.

Pero, tal como te lo expliqué a lo largo de este libro, tienes que seguir pasos básicos como:

- Asegurarte de que el contenido que trabajes siempre sea genuino y auténtico.
- Mantenerte flexible a medida que la marca va progresando y cambiando.
- Nunca, pero nunca, olvidar a la audiencia.
- Conseguir micro marcas.

- Refinar y estar siempre pendiente de las habilidades en fotografía y video.
- Ser persistente, hasta en esos momentos donde sientas que no podrás más.

Cuando te hablo de ser original es porque las grandes marcas, a la hora de elegir a un influencer exigen como requisito que este tenga una práctica probada de contenido autentico.

Es por eso que te tienes que enfocar más en la calidad que en la cantidad, cuando hablamos de contenido. Es mejor que pongas imágenes de primera calidad, que la gente postee, haga capturas y sea motivo de comentarios positivos, a que pongas 5 imágenes diarias que sean una más del montón.

Entonces en este aspecto, es mejor que tengas una creación de contenido de calidad, una audiencia prefiere leer un estado en Facebook de alta calidad que cien interesantes oh… normales.

Para los blogs ni hablar, son las piezas de más de 1800 palabras las que conforman los buenos lugares en Google, pero no es porque pongas y pongas letras, sino por la sustancia, por lo que dejas en el lector.

Te debes asegurar de que lo que compartes sea fiel a ti mismo y procura no compararte con los demás.

La autenticidad es más fácil decirla que hacerla, especialmente cuando sigues otras cuentas y tienes a personas envidiando tus contenidos o la imagen de tu marca. Si nos ponemos a revisar las redes seguro conseguimos a los grandes influencers y muchos intentando ser copia de ellos, haciendo contenido al mismo estilo y la verdad, a veces son un cover que deja mucho que desear, lo mejor es que tengas algo autentico, está bien que al inicio te inspires un poco en los demás, pero en el desarrollo de las estrategias, irás descubriendo tu propia voz.

Tienes que trabajar contenido tuyo y también conseguir ese nicho de mercado que te hará destacar, pero la verdad si compartes esa persona que eres, la gente se va a relacionar y por lo tanto va a responder siguiendo o interactuando con tus contenidos.

La autenticidad es la primera regla si quieres ser un influencer en Instagram que no se apague rápidamente.

Debes aprender a mantenerte flexible y autentico a medida que la marca va cambiando. Cuando sigues a personas influyentes en Instagram, es posible que sientas que usar la aplicación para ellos fue un complemento inherente e instantáneo de la marca, pero no necesariamente es un proceso.

Debes siempre compartir una visión autentica de tu vida, sin importar si es buena o mala. Cuando crezcas te darás cuenta que tienes una plataforma real para emprender proyectos, comunidades y marcas, harás esto que te apasiona y lo monetizarás.

A medida que tu vida va cambiando, puedes ir llevando este progreso en tu canal, claro, poco a poco y midiendo las métricas a ver cómo lo toma la audiencia y haciendo correctivos cuando se deba.

Un elemento clave para mantenerse autentico y fiel a la audiencia es que permitas cambiar la dirección, si el público se siente conectado contigo, lo ideal es que quieran crecer y cambiar a medida que avanzas en las etapas de la travesía para que seas influencer en Instagram y en la vida misma.

Te debes concentrar en la audiencia, mientras vas creando la identidad de marca y la cuidas para que se mantenga, considera que tienes que mantener la lealtad de la audiencia.

Te debes enfocar en generar valor para la audiencia y afinar lo que te hace una persona única. En definitiva, hacerse influencer es una función profesional como cualquier otra, por lo que es importante que consideres lo que puedes ofrecerá la audiencia para que te ayudes con esto puedes hacer un perfil del buyer persona, así sabrás a quién llegar.

Como te comenté a lo largo del libro, el gran paso es encontrar ese nicho y luego descubrir cómo ofrecer algún tipo de servicio a la audiencia, puede ser cualquier cosa, desde ideas de atuendo, ideas de dirección creativa, ayudar a conseguir nuevas marcas. Solo ten presente que debes ser fiel a la estética, en vez de tratar de ser todo para todos.

Tienes que hacer sentir a la audiencia como que están vislumbrando los desafíos y es más probable que se animen a seguir los éxitos.

No puedes ignorar esto si quieres ser un gran influencer en Instagram.

Cuando has creado la marca y el público ha crecido fiel con ella, seguramente te sientas listo para alcanzar y obtener el respaldo de algunas marcas, pero el que vayas a tocar la puerta de Nike o de Coca Cola es apuntar un poco alto para empezar, enfocate en pequeñas marcas y a medida que crezcas, esas gigantes que anhelas llegarán solas.

No desprecies las marcas.

Los mismos influencers dicen que las micro marcas en Instagram son increíbles, principalmente porque son pequeñas empresas que están abiertas al comercio y buscan construir a sus seguidores.

Si tienes menos de diez mil seguidores, estas son las mejores marcas para que comiences a crear contenido pagado. Especialmente si aún no tienes esas marcas que amas.

En cuanto a la fotografía, como te lo expliqué, siempre tienes que tener contenido que tenga imágenes de calidad.

A menudo es fácil sentir que los filtros del móvil o de Instagram, por ejemplo, son suficientes, a veces pueden serlo, pero si quieres distinguirte como influencer, podría valer la pena invertir en buenos equipos de fotografía y edición.

Una cámara profesional y un buen lente podrían marcar la diferencia entre una buena foto y una increíble, que tiene más potencial para ser reenviada por otras cuentas que llevan a crecer la audiencia.

Para que te distingas, considera hacer un esfuerzo adicional, invierte en equipo o en un curso de fotografía para que mejores las habilidades.

Finalmente, no olvides ser persistente, como cualquier profesión, ser influencer y mantenerse se basa en perseverar y mantenerte en pie a pesar de que en algunos momentos las cosas no vayan tan bien.

Tienes que predicar la paciencia y el amor propio, no te rindas, sigue escribiendo o publicando constantemente y con el tiempo, esto va a florecer. El juego de comparación puede entrar fácilmente en la cabeza si te centras en números, lo mejor que puedes hacer es crear contenido de valor que compartes siempre y que te hace sentir orgulloso del trabajo.

Ser un influencer no es fácil, mantenerse en el nivel cuando ya se es, resulta más complicado todavía.

Solo se puede si estás dispuesto a dedicar tiempo, tener pasión por el contenido que subes, todo esto ayudará a que superes los tiempos difíciles.

CPSIA information can be obtained
at www.ICGtesting.com
Printed in the USA
LVHW111130251120
672638LV00006B/561